走出思想的边界

knowledge-power
读行者

做一个清醒的现代人

刘擎

著

© 中南博集天卷文化传媒有限公司。本书版权受法律保护。未经权利人许可，任何人不得以任何方式使用本书包括正文、插图、封面、版式等任何部分内容，违者将受到法律制裁。

图书在版编目（CIP）数据

做一个清醒的现代人 / 刘擎著 . -- 长沙：湖南文艺出版社，2021.4（2023.8 重印）
ISBN 978-7-5726-0114-9

Ⅰ . ①做… Ⅱ . ①刘… Ⅲ . ①书评—中国—现代—选集②哲学—文集 Ⅳ . ①G236②B-53

中国版本图书馆 CIP 数据核字（2021）第 050807 号

上架建议：畅销·文化

ZUO YI GE QINGXING DE XIANDAI REN
做一个清醒的现代人

作　　者：	刘　擎
出 版 人：	陈新文
项目统筹：	吕　航
监　　制：	秦　青
责任编辑：	匡杨乐
特别支持：	王　野　余　卯
特约策划：	曹　煜
文字编辑：	巩树蓉
营销编辑：	刘　迪　张艾茵
版式设计：	李　洁
封面设计：	人马艺术设计·储平
出　　版：	湖南文艺出版社
	（长沙市雨花区东二环一段 508 号　邮编：410014）
网　　址：	www.hnwy.net
印　　刷：	三河市百盛印装有限公司
经　　销：	新华书店
开　　本：	680mm×955mm　1/16
字　　数：	211 千字
印　　张：	17.5
版　　次：	2021 年 4 月第 1 版
印　　次：	2023 年 8 月第 5 次印刷
书　　号：	ISBN 978-7-5726-0114-9
定　　价：	68.00 元

若有质量问题，请致电质量监督电话：010-59096394
团购电话：010-59320018

自序　在新的地平线上

"不是我不明白，这世界变化快。"年轻的时候就听崔健这样唱过，而20多年来，时代的节奏似乎从未放缓。也许，这个世界一直是动荡多变的，只是今天全球化的浪潮吞没了各种疏隔的屏障，让人更真切地感受八面来风的冲击，时而惊喜，时而惊慌。

"全球化"究竟是什么？在一次讲座中，哥伦比亚大学的著名教授巴格沃蒂曾给出一个自称"最为真确的定义"，那就是"戴安娜王妃之死"。何以如此？他的解释是："一位英国的王妃，带着埃及的男友，在法国的一条隧道里撞车，开的是一辆德国车，安装着荷兰的发动机。司机是一个比利时人，喝多了苏格兰的威士忌。追赶他们的是意大利的狗仔队，骑着日本的摩托车。为她治疗的一位美国医生，用的是巴西的药品。这个消息是一个加拿大人传出的，使用的是比尔·盖茨的技术。而你可能正在一台电脑上阅读这个消息，这台电脑用的是中国台湾造的芯片、韩国产的显示器，由一个印度的卡车司机运输，被一些印尼人截获，由硅谷的码头工人卸货，然后由一个墨西哥非法移民运送给你……我的朋友，这就是全球化。"

作为全球化现象的一个缩影事件，戴安娜之死或许过于戏剧化了。我们来看看身边更为寻常的文化生活情景。若以戏仿的笔触可以如是描述：这是一名中国大学生的一天，背诵英语是早晨起来后的首要任务。上午第一门课学习德国的"马克思主义原理"，第二门课听老师讲述北欧的"福利国家制度"。下午参阅英国学者写的《欧洲战后史》写作业，同时听着耳机里法国歌手艾莉婕（Alizée）的歌声。晚饭前最后一小时参加了印度"瑜伽班"的健身运动。晚上的第二专业选修课是"工商管理"，使用的是美国哈佛商学院的教材（山寨版）。回到寝室后在网上看了一部非常文艺的伊朗电影，随后在新浪微博上写下自己的观后感（又"翻墙"到脸书上再发一遍），然后刷微博几十篇直到心生倦意。临睡前念几篇《论语》慢慢进入梦乡。

我们今天享有的物质和文化"产品"，有相当大的部分源自异国他乡。几乎每个人的生活都超出了原有的地方性，与更遥远更开阔的世界交织在一起。以地理疆界标识的那个"本土文化"逐渐失去了清晰的轮廓，汇入了正在浮现的新的地平线。有人赞美"开放"，有人哀叹"混乱"，但无论如何，空间上横向的现代文化与时间上纵向的中国传统文化已经越来越深刻地交汇融合，共同构成了我们"纵横交错"的背景和视域。那么，"我们"是谁？中国有多特殊？在什么意义上我们还是"纯粹的中国人"？我们追求的理想生活图景究竟是什么？在新的地平线上，许多确定无疑"原本如此"的信念与感知，会遭遇到"为何如此"的疑问，或者"未必如此"的困惑，甚至"不必如此"的否定。

生逢动荡多变的世界，我们身处思想激辩的时代。这个文集的大部分篇章直接或间接地参与了事关公共问题的讨论。学者介入公共写作在古今中外屡见不鲜，成败都不乏先例。杰出的文章往往是学理与评说相映成辉，执着于真理与良知，又避开偏执和狂热，彰显理性的慎思和公允，行文晓畅却不流俗……所有这些品质都不易企及。何况在今天的中国，几乎所有公共问题都会引发争议，而论辩常常让人倾向以"锋利"压倒"思考"。但在我看来，如何对待异己之见和论争对手是对作者学识与品格的某种检测。

就此而言，虽然我的教训或许远甚于经验，但私心里依然存着一个榜样，那就是汉密尔顿写在1787年《联邦党人文集》的开篇之作。当时的美国在费城制宪会议之后，围绕新的"联邦宪法"展开了激烈的思想争论，联邦主义者与反联邦主义者的分歧事关美国的根本命运。

汉密尔顿指出，各种私利可能会导致"反联邦主义"的观点。"在新宪法必然会碰到的最大障碍中"是某些人的"明显利益在于反对一切变化"。但他随后的两段话发人深省：

> 我清楚知道，不分青红皂白，随便将哪一路人的反对（仅仅因为他们所处地位会使他们可疑）都归结于利益或野心，不是实事求是的。……使判断产生错误偏向的原因的确很多……聪明而善良的人们，在对待社会最重要的问题上既有站在正确的一边，也有站在错误的一边。这一情况如果处理得当，可以给那些在任何争论中非常自以为是的人提供一个遇事实行节制的教训。……野心、贪婪、私仇、党派的对立，以及其他许多比这些更不值得称赞的动机，不仅容易对

> 反对问题正确一面的人起作用，也容易对支持问题正确一面的人起作用。假使连这些实行节制的动机都不存在，那么再也没有比各种政党一向具有的不能容忍的精神更不明智了。因为在政治上，如同在宗教上一样，要想用火与剑迫使人们改宗，是同样荒谬的。两者的异端，很少能用迫害来消除。
>
> 我承认我对新宪法慎重考虑以后，明确认为你们接受它是有好处的。我相信，这是你们争取自由、尊严和幸福的最可靠的方法。我不必故作有所保留。当我已经决定以后，我不会用审慎的姿态来讨好你们。我向你们坦率承认我的信仰，而且直率地向你们申述这些信仰所根据的理由。我的意图是善良的，我不屑于含糊其辞，可是对这个题目我不想多作表白。我的动机必须保留在我自己的内心里。我的论点将对所有的人公开，并由所有的人来判断。至少这些论点是按照无损于真理本意的精神提出的。

我以为，这是一个公共写作的典范。汉密尔顿无保留地将复杂性公之于众：聪明而善良的人也可能出错，而低下的动机对意见正确的人和错误的人同样会产生作用。但这种复杂性并没有使他陷入举棋不定、语焉不详的处境。他坦陈自己的信念和观点，并告诫公众：不要看重他的善良意图，而只应当判断他的论点。

我邀请读者以这样的标准来要求中国的公共写作，包括正在打开的这本文集。这绝非出于自负（相反，我深知以这样苛刻的标准加诸自己会是灾难性的），而是因为当代公共讨论的问题事关重大，公众有理由提出与这种重要性相配的严苛标准。公共论说无论如何雄辩，在本质上应当是一场对话。因此，所有的诘问总是需要自我诘问的维度。失去了这种自省意识，也就取消了意识形态与知识批判之间的界限。我知道在风云际会的焦灼时代，每个人都可能淡忘节制与审慎的智识美德。重温汉密尔顿的文字，或许有助于恢复知识人应有的责任与品格。我"虽不能至，心向往之"，愿以此与公共写作的作者们共勉。

目录 Contents

辑一
迷雾与光芒

我的非经典阅读 /002

没有幻觉的个人自主性 /006

世俗时代的死亡问题 /018

祛魅时代的学术与政治 /024

民粹主义的本质 /045

人类政治的发展会殊途同归吗？ /054

面对中国模式的历史终结论 /069

"中学西渐"视野下的中国思想变革 /078

难以驯服的"狐狸" /088

价值认同的困境与可能 /099

"另类道路"的诱惑 /104

《革命之路》中的爱欲与政治 /108

面对兰德的挑衅 /114

群体性疯狂如何可能 /119

辑二
视角与世界

爱国何以成为一种美德 /126

建构纯粹的"中国范式"是否可能 /133

被误解与被滥用的自由主义 /139

自由主义及其不满 /159

寻求共建的普遍性 /171

超越全球化与民族主义的对立 /182

西方社会的政治极化及其对自由民主制的挑战 /189

民主社会中的教育权威 /209

迷失的家园 /215

开放的象牙塔 /222

共享视角的瓦解与后真相政治的困境 /231

思想工业与明星学者 /240

科学探索与政治正确的争论 /248

回顾马丁·路德·金抄袭事件 /256

One

辑一
迷雾与光芒

做一个清醒的现代人

我的非经典阅读

　　书海无涯而生命有限，读书当然要选择那些最有价值的中外经典名著。这个大道理听上去很自然，但多少有点乌托邦的意思。至少对我而言，经典作品在自己心智与学术的启蒙岁月中并没有产生特殊的影响。既然这里是公布"秘密书架"，就用不着端起教师给学生开书单的架子，列出几十部经典书目。不如坦诚一些，交代自己实际的非经典阅读经历。

　　法国哲学家萨特在传记里说，他8岁就读了福楼拜的长篇，而我在8岁时读的第一个长篇小说是《高玉宝》，其中"我要读书"的那个篇章仍然令我难忘。我们这一代人的阅读环境很特别，童年时代可资选择的书籍十分有限。1974年，情况有了意外的变化。当时我家住师范学院，隔壁有个林姓的同龄伙伴，母亲是师范学院图书馆的管理员。那年暑假的一天，小林偷来母亲的钥匙，带着我去了"文革"后被封闭的学校书库。开门的那一瞬间是令人眩晕的：几万本书安静地躺在灰尘之中，昏暗的光线照在一张张蜘蛛网上，我觉得这里暗藏着世界的秘密，永远也读不完，既兴奋又怅然。我们在那里度过了整整一个暑假。

那时候读了什么大多记不清了。回想起来，我们很喜欢一套"文革"前出的杂志，因为每期杂志的最后一页都会刊登一些智力测验题目，当时我们为此着迷。还有一本繁体字版的小说《钢铁是怎样炼成的》被我"借"回了家，读了许多日子。当时感触最深的是保尔与冬妮娅之间在革命中夭折的恋情。多年以后，我在一首题为《1974年的阅读与情感》的诗中回忆当时的阅读体验，惋惜"缠绵的露水吞没于革命的激流"，而自己处在"彷徨而无从堕落的岁月，一个布尔乔亚的少女成为你仅有的心事，从此，革命一直使你无限忧伤"（后来读到刘小枫的短文《怀念冬妮娅》，觉得心有戚戚焉）。《钢铁是怎样炼成的》大概算是我的情感启蒙读物。还有一本书对我后来的日子也有许多影响。我当时找到一本《斯坦尼斯拉夫斯基文集》，只是被"斯坦尼斯拉夫斯基"这个奇特的名字所吸引，就在好奇心的驱使下，懵懵懂懂地读了"体验派"戏剧理论，他关于排演契诃夫《樱桃园》的导演阐释以及所谓"第四面墙"的概念。这次纯粹偶然的机遇，使我后来一度迷恋戏剧活动，也读了许多剧本和戏剧理论。1978年，人民文学出版社重印了《莎士比亚全集》，共11卷（当时每卷的售价是一元多），我读了大部分剧本，当时只感到莎士比亚的语言（其实是译者朱生豪先生的语言）华丽多彩，却并不理解这些经典剧作的内涵。

1978年，我进入大学读化学工程。但性情所致，我课外关心更多的是人文类书籍。80年代初期的阅读是庞杂混乱的。我们这一代学人中有不少都曾是"文学青年"。中国大陆在"文革"之后重印了许多世界文学名著，大家都如饥似渴，与现在的年轻人追逐村上春树差不多，我也被这股潮流所裹挟。记得一个暑假读完了四卷本的《约翰·克利斯朵夫》，作者罗曼·罗兰成为我心中的英雄。虽然这也算是经典，但现在看来并不是多么伟大的作品。托尔斯泰的几部小说也是在那时候读的，但除了《安娜·卡列尼娜》之外，其他几部都未读完。与许多人相反，我特别欣赏他大段的"说教性"文字。屠格涅夫也是我喜欢的作家。而很多年之后我才读到陀思妥耶夫斯基，觉得这才是伟大的作品。那几年，西方"现代派"文学开始进入中国，我密切跟踪的是袁可嘉等选编的《外国现代派作品选》，从1980年开始出版，到1985年共出了四卷八本，这对我的文学艺术观有不小的影响。在青少年时期，我和很多人一样，有一个空洞的远大抱负，但未来要做什么却并不确切。这个时刻，伟人的传记会格外具有吸引力。其中法国作家莫洛亚的几部名人传作品充满人生智慧，给我许多启迪。而卢梭的《忏悔录》第一次让我觉得人性的复杂。

回想起来，最初影响我后来职业生涯的有两本书，都不是经典名著。1983年，商务印书馆出版了美国L.J. 宾克莱（L.J. Binkley）教授的《理想的冲突——西方社会中变化着的价值观念》，介绍讨论了弗洛伊德、克尔恺郭尔、尼采、萨特、蒂利希等西方思想家的学说。这是我读懂的第一部"学术性"著作，在当时为我提供了一张有用的关于西方思想的"知识地图"，而且让我懂得现代社会的相对主义困境，人们信奉不同的多元价值，各自有其产生的历史背景和理论依据，但彼此之间存在着深刻的紧张与冲突，难以在一个整体框架中被调和化解。后来在美国留学期间，有一天，我坐在图书馆里心血来潮，找到了这本书的英文原著。它是如此平淡无奇——不过是一本普通而且有点过时的教科书，却在我20岁时成为我的学术启蒙读物，它也影响了当时许多中国学人。还有一本我当时特别喜欢的书是《思想家——当代哲学的创造者们》（三联书店1987年翻译出版）。这是英国BBC广播公司为知识大众制作的哲学家访谈节目的文本，由布莱恩·麦基（Bryan Magee）采访包括伯林、马尔库塞、艾耶尔、奎因、乔姆斯基和普特南等14位著名思想家和学者。他们以较为通俗的语言讨论了各自的研究及其与社会背景的关系。这是一部能让人兴致勃勃的思想性读物，犹如亲耳聆听这些名家的言谈。我是在这两本"通俗读物"的引导下逐渐深入，开始涉猎经典读物，包括当时陆续翻译出版或重印的（商务印书馆的）"汉译名著"系列和（三联书店的）"学术文库"系列。直到1991年出国留学，《理想的冲突》和《思想家》这两本书一直放在我书架上最醒目的位置。

由此说来，我的学术阅读起点很低，大概也是今天仍然无所成就的一个原因。比起现在的青年学人，我们这一代人当中有许多是"先天不足"的。个人的历史犹如自己的孩子，无论是否值得骄傲，终究是无可替代的。也许，正是因为当时可供选择的书籍相对贫乏，使得我们对书籍格外痴迷而执着。回忆之中，这仍然是弥足珍贵的。

没有幻觉的个人自主性

——（查尔斯·泰勒《本真性的伦理》中译本导读）

"成为你自己！"

无论是激励、劝导还是告诫，这句陈腐不堪却又历久弥新的格言总会与你相遇，在人生的某个时刻感召你，或困扰你。它被反复传诵着——在师长的教诲中，在奋斗者的励志故事里，或者是在小说、电影、诗篇与歌曲的点题之处。没有人比尼采说得更具煽动力了："成为你自己！你现在所做的一切，所想的一切，所追求的一切，都不是你自己。""你应当成为你所是。"无论如何，这句格言被铭记下来，几乎成为现代人的生命誓词。

但是，"成为你自己"究竟意味着什么？这是在叮嘱我们"不要成为别人"吗？因为与人雷同的生活是没有意义的吗？或者，这句格言是在呼唤我们特立独行，依照自己独特的想法来生活吗？可是"自己独特的想法"又从何而来呢？我们如何获得自己的独特性呢……

《本真性的伦理》以相当大的篇幅来探讨这些问题。作者查尔斯·泰勒（Charles Taylor）在当代西方学术界享有大师的声誉，他是极具历史敏感的哲学家，博学而深邃，兼容欧陆与英美的学术传统。他的著述丰厚，有些是艰深的专业性论述，有些是来自他较为通俗的演讲。这部著作属于后者，篇幅不大，行文也不晦涩，却对现代生活的一些重大问题表达了独到的见解。泰勒力图阐明，基于个人自主性的现代文化源自一种历史性的深刻转变，人们由此获得了一种崭新的"自我理解"，这带来了空前膨胀的个人权利和自由。这是现代性的重要成就，但同时也造成了严峻的困境，突出体现在现代社会价值标准的混乱、道德规范的失序以及人生意义的迷失。这是所谓"现代性之隐忧"的要害所在。

面对现代个人主义的困境，西方思想界的争论由来已久，也从未停息，但泰勒试图在这场"口齿不清"的混战中另辟蹊径。他通过分析批判两种流行的误解——貌似深刻的文化悲观论与肤浅乐观的放任主义，探讨如何才能恰当地理解和维护个人自主性的理想，致力于从幻觉与误会中拯救这一现代性的伟大成就。

自我理解的现代转变

把握这本书的主题，可以从书名中的关键词入手。"本真性"对应的英文词是"authenticity"，在汉语中曾有过多种译法："本真性""纯正性""确真性""可靠性""确实性""真实性"等。本书译者译作"本真性"一定有自己的考虑。它的形容词"authentic"原本的意思是"确实的""纯正的"或"真的"。比如，有人送你一幅古代名人字画，你若怀疑这可能是赝品（仿制品），大概会去找专家做鉴定。如果鉴定的结果是"真迹",那我们就可以说这幅字画是"authentic"。在西方哲学中,"本真性"有更为特定的含义:人忠实于自己的内心,而不盲从于外在的压力与影响,这是应对外部世界的一种方式。对存在主义哲学家而言,本真性(率真性)尤为重要(虽然不同的哲学家对"何为本真"会有各自不同的阐释),事关人生的安身立命之根本。

在泰勒看来,本真性与"自我"的特定观念密切相关。将自我理解为"分离自在的独立个体"是现代西方的理念。注重聆听自己内心的声音,强调以忠实于自我的方式来生活,这是现代性转变中出现的"个体本位的文化"(individual-based culture)。但是,现代人这种特定的自我理解并非与生俱来,也并不那么"自然"。泰勒指出,"个体在现代西方文化中无可置疑的优先性,这是现代道德秩序构想的核心特质。……因为对我们而言,个人主义已经是常识。现代人的错误,便是认为这种对个体的理解是理所当然的。……我们最初的自我理解深深地镶嵌于社会之中。我们的根本认同是作为父亲、儿子,是宗族的一员。只是到了后来,我们才把自己看作一个自由的个体"。[1]实际上,人类历史上从来不曾有分离的、自由独立的个体,实际存在的个体总是生活在社会群体和政治秩序之中。在这个意义上,如亚里士多德所言,"人天生地是政治动物"。那么,先在于社会群体的独立个体是一种观念,它并不是对人的境况的"真实历史描述",而是一种建构出来的"自我理解"。当这种观念被大众普遍接受和默认,就成为一种泰勒所谓的"社会想象"(social

---

[1] Charles Taylor, *Modern Social Imaginaries*(Duke University Press, 2004), p.64.

imaginary）。那么，现代人的社会想象是如何形成的呢？

在古代世界，人们甚至不用"自我"（self）这个词。在那个时候，人们不是以孤立的方式来理解个体，而是将个体理解为"嵌入"（embedding）在各种有序的关系之中：与他人的关系，与社会群体的关系，与自然世界和宇宙整体的关系。个别的古代思想家或许有一种"个体为本"的想法，但它无法成为社会大众的主导文化观念（"社会想象"）。古代世界的社会想象是一种整体的宇宙观。"宇宙"（希腊语kosmos）这个词的含义是指包容一切的整体——和谐、统一、具有普遍秩序的整体。人们生活在"人、神、自然"的统一秩序之中，而秩序包括一种等级结构以及"各就其位"的观念。泰勒分析指出，前现代的道德秩序"是围绕社会中的等级制概念展开的，这种等级制表达和对应着宇宙中的等级制"。当时有大量自然秩序与社会秩序的"对应论"观念："比如说，王国中的国王就相当于动物界的狮子，相当于鸟类中的雄鹰，如此等等。"[1]这种等级制度之所以能成为规范性秩序，是因为在当时的社会想象中，它符合宇宙事物本身的结构：这样一个秩序"倾向于通过事物的过程来强化自身：违背它，就会遭到强烈的反弹，超出了单纯人类领域。在前现代的道德秩序观念中，这是一种相当普遍的特征"。[2]由此可见，在这样一种文化视域中，所谓"自我"，首先处在整体的关系结构之中，个人"嵌入"在一个比自己更大的宇宙秩序整体中，并根据在其中占

---

[1] Ibid., pp.9-10.

[2] Ibid., p.10. 在此，泰勒引述了希腊哲人阿那克西曼德（Anaximandros）的观点，他"把对自然过程的所有偏离都和不义联系起来；他说反抗自然过程的事物最终都必须'根据时间的评判而为它们的不义遭受惩罚和付出代价'"。

据的恰当位置，来获得自我认同、行为规范、价值感和生活意义。

然而，这个基于宇宙秩序的自我理解与社会想象在近代发生了重大转变。泰勒在他的多部论著中反复考察了这个复杂的转变过程。[1]他的研究表明，这个转变的过程是多个层面彼此纠葛、交织互动的结果，其中既有历史的连续性，又有较为明显的断裂，经历了大约五个世纪之久的"长征"（the long march），最终完成了所谓"大脱嵌"（great disembedding）——"个人"从前现代的整体宇宙秩序中脱离出来，首先将自身看作"独立自由的个体"。而这个"大脱嵌"的转变同时包括两个方面：一是"人类中心主义的转向"（anthropocentric shift），将人类作为整体从宇宙秩序中"脱嵌"出来，成为与自然世界相对的"人类主体"；一是"个人主义的转向"（individualistic shift），个人的"内在自我"被发现并被赋予独特的价值，使得个人从有机共同体中"脱嵌"出来，获得了具有个人主义取向的自我理解。

泰勒的历史叙事提供了相当独到的观察：自我理解的现代转变并不是与宗教传统的简单断裂。恰恰相反，"大脱嵌"的两个转向都具有基督教文明的根源，而犹太—基督教传统与希腊文化之间复杂而紧张的关系也构成了现代转型的重要驱动力之一。简单地说，基督教的自我理解以拯救为终极目标，现世的政体只是天意偶然的规定。这不同于亚里士多德的理想——城邦的政治生活被看作崇高的目标。此

---

[1] 除了《本真性的伦理》一书，还包括：Charles Taylor, *Sources of the Self: The Making of the Modern Identity* (Harvard University Press, 1989); *Modern Social Imaginaries* (Duke University Press, 2004); *A Secular Age* (Harvard University Press, 2007).

外，基督教"上帝面前人人平等"的教义也难以与希腊的等级秩序完全调和。"人类中心主义的转向"与"个人主义的转向"并没有明确的先后阶段，两者是并行交织的。其中，科学革命的兴起以及现代科学的发展引导了从"神意世界"到"自然世界"，再到"自然的客体化"等一系列演变，这些变化与人类中心主义的转向关系更为密切；而宗教冲突、宗教改革、大革命以及近代资本主义的发展催生了"个体主观化"的观念，对个人主义的兴起具有更为重要的影响。简言之，"自然世界的客体化"与"个体的主观化"在瓦解前现代的宇宙秩序转变中是相互促进的两个方面，共同催发和推动了现代社会想象的兴起，并在经济、公共领域与人民主权的实践中深化了这种个体本位的社会想象。

于是，在大约17世纪末到18世纪初，西方开始出现了一种新的道德秩序。泰勒认为包括下述四个相互关联的原则：首先是一种信念，认为所有关于社会的思考都应当始于个人，而社会应当为个人之间的互惠利益而存在。这种"个人先在于社会"的信念拒绝了前现代的（亚里士多德式的）信念：一个人，"只有当他嵌入一个更大的社会整体之中，才可能是一个适当的道德行动者"，而新的信念期许"一个人可以外在于社会而成为一个完全胜任的人类主体"。其次，现代政治制度的出现是针对这样一个背景——预先存在作为权利承担者的个人。政治的目的是通过提供安全保障，使得个人为相互利益服务，促进交换和繁荣。因此，政治的目的是满足日常生活的需要。如是理解的政治社会目标不同于传统文化所强调的人与超验秩序的联系。第三，政治社会的组织原则是为了维护个人的权利。个人首先被理解为权利的自主承担者，在塑造他们的个人生活与社会秩序中自由地发挥他们的能动性。第四，平等地向所有个体确保他们的权利、自由和互惠利益。[1] 这四个原则在西方现代社会中已经深入人心，而新的"现代社会想象"支持这些原则，并赋予它们实践意义，其中的一个重要特征是基于个体（而不是基于共同体）的自我理解，这是现代个人主义的文化核心。

现代个人主义的困境与拯救

马克斯·韦伯曾以"世界的祛魅"来表达超验秩序的解体，但泰勒提醒我们"这些秩序在限制我们的同时，它们也给世界和社会生活的行为以意义"。在世界祛魅之后，人们不再能够将自己与超越自我的更大视野相伴相随，于是产生了某种失落："不再有更高的目标感，不再感觉到有某种值得以死相趋的东西。"[2] 现代人获得了前所未有的自由，却也陷入了空前的意义迷失。这成为现代文化深刻的困境。

西方历史上有许多敏锐的思想家警觉到现代人的意义迷失及其隐患，泰勒在本书中也有所列举。比如，托克维尔曾告诫，民主时代的人们往往寻求一种"渺小和粗鄙的快乐"。尼采指称的"末人"（last man）则是现代文明没落的最低点，他们除了"可怜的舒适""软绵绵的幸福"之外，生命没有任何抱负。而当代西方的一些

---

[1] Taylor, *Modern Social Imaginaries*, pp.19-22.

[2] 查尔斯·泰勒：《本真性的伦理》，程炼译，上海：三联书店，2012，第1章。

批评家（贝尔、布卢姆和拉西等）确信，现代社会已经沦为一个放任的社会，人们毫无顾忌地标榜自我中心的理想，年轻人甚至欢呼"me generation"的兴起。由此，现代文化陷入了相对主义、享乐主义和自恋主义的歧途。

泰勒同样关切这种困境，他清楚地看到了"生活被平庸化和狭隘化，与之相联的是变态的和可悲的自我专注"[1]。他对文化悲观论者的批评了然于心，但并不追随那种人云亦云的论调。在他看来，这种悲观论（特别在布卢姆那里）没有认识到，现代文化中有一种"道德理想在起作用"，这就是"本真性"的理想。虽然这种理想在当代社会中可能体现为低劣扭曲的形态，但它本身是值得肯定和捍卫的理想。文化悲观论者仅仅看到了这种低劣形态，但在他们的视野中，现代文化完全不存在任何价值和标准，没有任何关于"好的生活"的理想，或者只有那些沦为欲望放纵之托词的所谓"理想"。这些悲观论者在现代文化中看不到任何积极的道德力量，也就丧失了拯救与改造的希望。他们的蔑视、悲叹与愤懑总有一种无力回天的虚弱。而泰勒认为，"一种系统的文化悲观主义同一种完全的文化乐观主义一样，是误入歧途的。反过来，我们面临一场绵延不绝的战斗，面对本真性的更平庸和更浅薄的模式的抵抗，我们要去实现本真性的更高和更充分模式"[2]。

泰勒致力于阐明自己区别于两种流行意见的独特立场。一方面，他坚持主张，对本真性的追求是一种道德理想，对这种理想的漠视来

---

[1] 查尔斯·泰勒：《本真性的伦理》，程炼译，上海：三联书店，2012，第1章。
[2] 查尔斯·泰勒：《本真性的伦理》，程炼译，上海：三联书店，2012，第9章。

自对现代文化一知半解的偏见，导致毫无建设性的义愤。另一方面，他力图揭示对本真性理想的追求和实践要求某种超越自我的背景条件（包括对自我之构成有一种更深刻的认识），如果无视这些条件，将会陷入一种幻觉性的个人自主性，从而导致个人的自我沉湎与放任，最终背弃本真性的理想。他指出，文化悲观论者所描述的是"一个已经退化了的理想的图像，这个退化了的理想本身是非常有价值的，实际上，我想说它是现代人不可拒绝的"。

为什么本真性是一种道德理想？简单地说，在道德思考的历史中，西方社会发展出一种"内在化"的要求：做（道德上）正确的事情，重要的标准之一就是要与我们内在的道德感保持接触（attachment），而不是游离。道德不只是迫于外界压力去做正确的事情，而是与内心的良知相契合。这种思想有迹可循，至少可以追溯到奥古斯丁（"通向上帝的道路经由我们的内心"），而到了卢梭那里，被表达为我们"存在之感受"。在历史的现代进程中，这种内在的接触感具有了独立的和决定性的道德意义，整个伦理世界的重心就发生了转变——本真性成为我们作为真正的、完整的人不可缺少的维度。我们的道德拯救来自回复我们对自己内心真实的道德接触，只有这样，才有理由要求人们为自己的行为担当道德责任。也只有这样，我们才能获得所谓"存在之感受"：做一个人就是要忠实于我自己。否则，我就没有领会人生的目的，就没有领会对我而言，做一个人是什么意思。[1]忠实于自我意味着忠实于自己的独特性，而这种独特性只有我自己才能发现和阐释。这是一种积极的、强有力的道德理想，

---

[1] 参见查尔斯·泰勒：《本真性的伦理》，程炼译，上海：三联书店，2012，第3章。

伴随着自由、责任感和生活的多样性。这是现代文化的重要成就。

但是，本真性对内在标准的强调也容易演变为"唯我主义"，好像关注内在的自我就足以生成道德准则，外部世界要么是多余的，要么是实现个人自主性的障碍或敌人。泰勒指出，这种独白式的自我同一性是一种幻觉："内在生成这种事情，如果理解为独白式的，则是子虚乌有。我对我的同一性的发现，并不意味着我独自创造了它，而是说，我通过与他人的、部分公开、部分内化的对话，订立了这个同一性。这就是为什么内在生成同一性之理想的发展，赋予了认同一种新的和关键性的重要性。我自己的同一性根本上依赖于我与他人的对话关系。"[1]

我们无法单单依靠自己来构成自我，形成有意义的独特性标准。自我的理想是在对话关系中塑造的。让我们来考虑泰勒给出的一个例子：一个人宣称自己非常独特，因为他的头发正好是3732根！这种独特性不会令人赞叹，反而会让人觉得可笑。因为他的这一"独特性"完全不足挂齿（除非在他的文化中，"3732"这个数字是一个神圣的数字，那才会有特殊的意义。而在这种情况下，这个特殊价值也取决于特殊的文化背景）。相反，一个人若有卓越的钢琴演奏才华，或者长于准确地表达深刻的哲学思想，或者总是真诚友善地待人接物……那么我们会认为这些独特性是有价值的。为什么前后两类独特性的意义会有如此大的差别？泰勒解释说：事物是否重要、是否有意义，必须针对一个背景而言，他称之为"视域"（horizon）或"框架"（framework）。这个背景框架在人类活动最基本的方面界定了

---

[1] 查尔斯·泰勒：《本真性的伦理》，程炼译，上海：三联书店，2012，第9章。

什么是重要的，什么是有意义的，并塑造了我们的"道德与精神的直觉"。这个框架由不得我们选择，它是"给定的"（given），是我们共享的"无可逃离的视域"（inescapable horizon）[1]。而我们所做的选择，在最根本的意义上，恰恰要（有意识或无意识地）依据这个作为深度意义背景的框架。因为我们的生活是共同的生活，这个背景是我们共同生活的前提。如果离开了这个框架，个人的感觉、选择和决定会变得完全不可理喻。

在现代社会中，我们到处可以听到各种貌似"率真的"宣言："成为你自己""做真实的自己""忠实于自己""实现自己"——诸如此类的口号一直在宣扬特立独行的自主性，尤其肯定独特个性的优越性，并暗示这种独特性只能从自我内部获得。在这种强劲的"成为自己"的现代文化中，事物的价值被认为是主观的（也是相对的），是被"我"所赋予的。我珍视或看重某种事物，不是因为它本身有内在固有的（intrinsic）价值或意义，而是因为我的珍视或看重才使得它具有价值或意义。但是，这种价值主观论可以成立吗？只要我们发问，"你为什么会珍视或看重它？"回答也许是"我认为""我相信""我感觉"或者"我决定"。但这类回应完全没有回答"为什么"。如果我们进一步去追问来龙去脉，那么任何认真给出理由的回答都会显示，那个单独的"自我"实际上并没有独自赋予或创造价值，那些看似高度自主的价值决定，在背后往往是有渊源和来路的，是由许多经历和故事造就的，是在关系中形成的。价值判断需

---

[1] 参见查尔斯·泰勒：《本真性的伦理》，程炼译，上海：三联书店，2012，第4章；查尔斯·泰勒：《自我的根源：现代认同的形成》，韩震等译，南京：译林出版社，2001，第1章。

要依据价值尺度，而价值尺度不可能由"自我"来发明创造，我们只能"选用"和"改造"价值尺度，这正是关系性的自主性观念所揭示的结构性规范限制。我们各自（选用）的价值尺度可能并不一致，我们对具体事物的价值判断可能发生严重分歧，但这不意味着我们的价值是完全主观的、不受约束的或是由自我任意决定的。

个人自主性是现代性思想的一个重要方面，是一个值得捍卫的理想。它激发人的创造性，要求一种自我负责的精神，鼓励人们过更真诚、更充分和更具个性的生活。现代世界的许多成就与价值来自个人对本真性的追求。但是，这种理想（如同现代性的其他许多理想一样）也可能事与愿违地走向自己的反面，使自身陷入困境。自主的生活理想必须有所选择，选择意味着"某些生活形式实际上高于别的，而对个人自我实现宽容的文化却回避了这些主张"。[1]如果完全依据唯我论，我们实际上无法形成可以判断高低好坏的价值标准。《本真性的伦理》一书的要旨在于指明建基于唯我论的本真性是一个幻觉："如果本真性就是对我们自己真实，就是找回我们自己的'存在之感受'，那么，或许我们只能整体地实现它，倘若我们认识到这个情感把我们与一个更宽广的整体连接在一起的话。"[2]而只有通过将自我的构成理解为关系性的，理解为对超越自我之共同背景的依赖，我们才能恰当地理解和实践个人自主性的理想，才有可能克服对本真性的误解和滥用。

---

[1] 查尔斯·泰勒：《本真性的伦理》，程炼译，上海：三联书店，2012，第2章。
[2] 查尔斯·泰勒：《本真性的伦理》，程炼译，上海：三联书店，2012，第8章。

世俗时代的死亡问题

上学的时候曾经听一位老师讲，论说可能会有两种相当不同的方式：一种是"律师型"的雄辩，就是调用和强化一切对自己立场有利的证据，而漠视、歪曲或诋毁所有于己不利的证据，唯一的目标就是要赢得论辩（时下流行的大专辩论赛大约是此类论说的典型）；而另一种是"智识（哲学）型"的论述，需要审慎细致地面对各种不同的证据，诚心辨析令人困惑的问题所在，最终是为了在思索与探究中寻求真智慧。说这话的老师是位研究柏拉图的教授，他自然推崇后一种论说方式（标举苏格拉底为其原型），并告诫我们，真正的学人要提防沾染过多的"律师话语习气"。许多年过去了，虽然自己一直在学界谋事，但每逢"学术争论"或"公共问题讨论"，常常有身处"律师事务所"的错觉。久而久之，便习以为常了，再度想起老师昔日的教诲，是因为阅读查尔斯·泰勒的新著而生发的感触。

泰勒被认为是当今在世的英语学术界最重要的人文学者，兼容欧陆与英美的学术传统，是历史意识敏锐的哲学家，又是具有深切现实关怀的思想家。他的新著《世俗时代》（*A Secular Age*）是一部厚达874页的鸿篇巨制（哈佛大学出版社2007年9月出版），论述西方在过去五个世纪中从宗教社会到现代世俗社会的演变，出版之后立刻成为西方学界关注的一个焦点。众多著名学者予以盛赞，有大学为此组织专题研讨会，美国社会科学研究学会（SSRC）还在官方网站上专门开辟博客，展开互动讨论。而泰勒本人获得了2007年度的坦普尔顿奖（奖金高达80万英镑）。当然，这是一部非常值得期待的著作。

但就文体风格而言，《世俗时代》与"标准的"学术著作相当不同。如果已经读惯了那种雄辩滔滔的论文，如果急于要"捕获"作者的观点和论证，那么阅读这本书会让人倍感挫折（已经有些欧美年轻的博士生在网上诉苦，抱怨这本书结构松散，叙述冗长、拖沓、迂回和重复）。泰勒的文风并非无可挑剔，但我们阅读的挫折感也完全可能是太过功利的"专业心态"所致。如果换一种读法，可能会有全然不同的感受：像是与一位博学睿智的长者交谈，他有些絮絮叨叨，但充满真知灼见，他的迂回反复也常常是出于审慎，尽可能公允地处理与自己相左的论点。况且，泰勒所要质疑的是那种根深蒂固的"主流意见"。

在一种流布很广的历史叙事中，西方历史在近现代发生了根本性的转变——中世纪是上帝主宰一切的"神的时代"，而启蒙运动和现代科学的兴起使人类摆脱了无知与迷信的蒙昧状态，从此，"上帝死了"，妖魔鬼怪也消失了，"人类觉醒了"。西方世界进入了现代文明，这是科学与真理所主宰的"人的时代"，也就是"世俗时代"。但泰勒认为，将现代文明等同于宗教终结是一种误解。以美国（这个"最现代"的西方国家）为例，人口中大约有90%是教徒（其中基督教徒大约占80%），宗教信念与实践仍然对个人与社会生活具有不可忽视的影响。

当然，美国是一个特例。相比之下，欧洲人口中，教徒所占的比例要低得多。而且在整个西方社会，今天"信仰"的含义与中世纪有很大的差别（比如"地狱"的概念已经相当淡化），而无论是教徒还是非教徒，都不会无视现代科学的成就与作用。宗教的社会功能也发生了重要变化，突出体现在宗教基本上退出了政治领域（政教分离）。

面对如此错综复杂的局面，泰勒将"世俗时代"的特征界定为"信仰上帝不再是唯一可能的生活方式"，而只是多种可能的选项之一，甚至不是一个最容易的选择。而在500年前的西方，信仰上帝的生活是唯一的"默认选项"，这意味着现代的世俗性与宗教的关系远比"上帝之死"的说法要复杂得多。一方面，信奉宗教仍然是可能的生活方式；另一方面，宗教不再是全民共享的世界观，宗教语言也不再是社会通用的语言。这样一个世俗社会具有高度的多元性，不同的精神传统和伦理原则交叠在一起。正统宗教代表了一个极端，而彻底的唯物主义无神论处在另一个极端。因此，"世俗时代具有精神分裂的倾向"，现代人常常会感受到来自不同价值观念的"交叉压力"（cross pressure）。

这种精神分裂的表现之一是面对死亡问题的困难。泰勒从日常经验的"葬礼"谈起，说现在有许多人感到参加葬礼是件窘迫尴尬的事情，如果有可能，就会尽量回避。因为在葬礼上，大家都有些不知所措，不知道如何恰当地表达对死者的感受，也不知道如何去安慰那些失去亲人至爱的"未亡人"。在中世纪，宗教有一整套应对死亡的话语（"灵魂不朽""得救""永生""复活"等）。但在现代世俗社会，这套话语不再通用。而在无神论科学的观念中，此世之外的超越世界是不存在的，死亡被看作一个孤立的生物性事件——生命在这个世界终结了，一切意义也就消散了。因此，无神论者没有发明出一套恰当的"丧葬用语"。其结果是，即便不是教徒，也仍然不得不借助宗教的仪式和语言（中国人大概也有相似之处。虽然我们许多人可能完全不相信所谓"亡灵"的存在，但我们在葬礼上也会用"在天之灵"之类的词语）。也许，只有宗教性的语言适合葬礼的情景，但与此同时，宗教仪式和语言所依据的信念却是被人怀疑（或半信半疑）的。这就是葬礼会令人感到窘迫尴尬的缘故。

但是，死亡真的是一个问题吗？《论语》中，孔子有"不知生，焉知死"的发问。或者，面对死亡，我们是否可以变得更"勇敢"一些、更坦然一些？古希腊哲人伊壁鸠鲁有过一个"消解死亡"的说法：只要你还能感到死亡问题，那说明你还活着（也就无须为此费心），而一旦你死去，也就不再会感到死亡是个问题了。在无神论者看来，人们对死亡的恐惧和伤痛来自我们对死亡的非理性认识，来自一种蒙昧幼稚的对永生不朽的愿望，而人类的心智成长，意味着应当抛弃这种"孩子气的"幻想。如果将这个大无畏的"启蒙逻辑"进行到底，我们是否就能打发死亡问题，或者就能从容不迫地面对死亡？泰勒认为，这种看法相当肤浅，是把死亡的所有问题简化为人们的"贪生怕死"，将渴望永生仅仅看作求生本能。

死亡问题有更为复杂与丰富的含义。比如，对死亡关切的重心是随历史而变化的。古代，死者在某种意义上仍然与生者在一个共同体中，死亡是"我们"的事件。到了中世纪晚期和近代早期，死亡的主要问题是担心对"我的"末日审判。而在现代，死亡的重心转向与亲人至爱的离别，关切的是"你"。这种历史变化可以用"我们之死""我之死"和"你之死"来分别表述。而伊壁鸠鲁的说法，至多能部分地打消"我之死"的问题，但完全没法解决"你之死"。

关切亲爱者之间的"永别"是死亡在现代社会的突出特征。也许是因为在现代社会，公共的集体事业不再能对每个人提供完整的人生意义，个人之间的亲爱关系就变得格外重要。对亲人至爱来说，死亡中断了我们支持生活意义的关系。因为爱在本质上渴望永恒或永存（eternity）。深刻的爱，伴随着生命的兴衰枯荣，将过去与现在凝结在一起，将时间"汇聚起来"，生成一种丰厚的意义。而死亡是一个终极性的破裂，驱散了爱所凝聚的时间，驱散了永存。

为什么"永存"是不可抑制的渴望？为什么热恋中的人们祈愿"天荒地老"，甚至立下"来生转世"之后的山盟海誓？泰勒说，这不只是因为我们（出于贪婪）企望快乐的体验能够延续，还因为如果它不延续，就丧失了某些意义，而最深的快乐总是与某种意义交织在一起。

"你回想自己的全部生活历史，那些幸福的时刻、那些阳光下的旅行，都是被沐浴在对另一些岁月、另一些旅行的感受之中，这些曾经的体验也因此在当下此刻变得鲜活起来。这就是美好的重归，是真正的（尼采所说的）'永恒轮回'（Ewige Wiederkehr）：不只是似曾相识之事再现，而是那些时刻中永恒事物的重归。这就是普鲁斯特所要捕捉的，而不只是回忆永远逝去的爱。"欢乐的意义总是与渴望永存在一起。写作与艺术创造也都是渴望永存的某种方式。

所有这些并不意味着宗教的观点是正确的，但表明对永存的渴望并非微不足道的事情，并非一种幼稚的态度。但这又怎么样呢？这不是正好表明你需要更大的勇气来做一个清醒的无神论者吗？也许是的。但泰勒想说的是，对永恒的渴望反映出一种伦理见解：死亡颠覆了意义，如果忘记了这一点，我们就没有理解死亡的真正含义。对失去亲人至爱的"未亡人"来说，最为关切的问题是如何来守护他们在与死者的关系中所建立的意义，葬礼的本意就在于此。而守护意义的重要方式是将死者与某种永恒的事物联系在一起，但如果"灵魂不朽"或"复活的希望"等都被全然否定或者存疑，永恒感就破灭了。这会生出某种空虚感，某种深刻的困窘不安。通过谈论死亡，泰勒试图表明"我们的时代还远不是一个可以落实在自满的无神论的时代。动荡将持续不断地浮现"。

　　《世俗时代》是一部大书，几个平行的主题相互叠加、彼此增援，具有一种类似"复调音乐"的结构。他的论述力量并不在于雄辩，而在于一种沉思的气质、一种倾心交谈的风格。虽然没有用柏拉图的对话体，但字里行间始终潜伏着问答与对话。如果耐心地介入与作者的持续交谈，最后他的全部用意会渐渐浮现出来。实际上，这是一部雄心勃勃的作品，他试图转换我们对现代性的阐述，重新探索我们对于自我的理解。作为一个信奉天主教的哲学家，泰勒似乎表明，上帝从未死去，只是部分地隐退，而且时隐时现。

祛魅时代的学术与政治
——韦伯志业演讲导读

一个世纪以前，1917年11月7日，在德国慕尼黑市的斯坦尼克艺术厅（Kunstsaal Steinicke）举办了一次演讲，主题为"学术作为志业"。听众席挤满了年轻的大学生，还有不少著名的学者，因为主讲人是当时德国负有盛名的思想家马克斯·韦伯（Max Weber）。一年多之后，韦伯在同一个地方又做了一场演讲，题为"政治作为志业"。这两篇演讲后来结集出版，史称韦伯的"志业演讲"，成为20世纪西方著名的思想文献，获得了经典地位。韦伯的志业演讲虽然有名，但似乎内容庞杂，行文曲折，普通读者可能难以得其要领。这篇导读文字，希望能尽力简明地讲解这两篇演讲的论题与背景，阐明其对理解学术与政治为何重要，这其中包含哪些非凡的见解，以至于堪称经典。

韦伯的思想生涯

理解韦伯的思想，有必要了解他的生平特点。韦伯出生于1864年，学术生涯起步很早，25岁就获得了法学博士学位，不久之后，在柏林大学担任讲师。1894年就被弗赖堡大学聘任为正教授，三年以后，又获得了海德堡大学一个重要的教授席位，当时年仅33岁，令同辈学人望尘莫及。但很可惜，1897年秋，韦伯患上了精神疾病。那一年，他父亲去世，此前父子俩有过激烈的争吵，却再也没有和解的机会，这给韦伯造成了严重的心理冲击，引发了他的抑郁症。在长达四年的时间里，他时而处在精神崩溃的状态，完全停止了学术工作。学校为挽留他，给了他三年的带薪假期，但最终他还是辞去了教职。1901年，韦伯开始康复，虽然有轻微的反复，但已经能重新投入工作。1903年，他担任了重要的学术编辑职位，同时开展基础性的社会科学研究。但直到1918年，他才重返大学，先是在维也纳大学授课一个学期，后来接受了慕尼黑大学的正式教职。但不幸的是，这个教职他只做了一年。韦伯染上了当时肆虐欧洲的西班牙流感，引发肺炎，于1920年6月14日英年早逝，年仅56岁。

韦伯的思想生涯有两个突出的特点。第一，他的研究领域非常广泛。学术界常常将他与马克思和涂尔干的名字放在一起，并称为现代社会学的三大奠基人。但韦伯的研究横跨了经济、政治、历史、宗教和哲学等领域，甚至对古典音乐也有独到的研究，他是一位博学的、百科全书式的学者。第二，韦伯广泛介入了公共讨论，在报刊上发表过重要的政论文章，还直接卷入了许多政治活动，包括在一次大战中从军，参与野战医院的管理和建设，作为德国战后谈判使团的顾问参加凡尔赛和会，以及讨论起草"魏玛宪法"等工作。因此，韦伯不只是纯粹的书斋型学者，他还是德国当时最有影响力的公共知识分子。在他去世之后，他的学术和思想遗产具有广泛而持久的影响，被视为西方现代历史上的一位思想巨人。

世界的祛魅与现代的精神境况

韦伯的学术贡献丰富而卓越，其中对现代世界特征的洞察尤为重要。在"学术作为志业"的演讲中，有一个被广泛引用的著名段落："我们这个时代，因为它所独有的理性化和理智化，最重要的是，因为世界已经被除魅，它的命运便是那些终极的、最高贵的价值，已经从公共生活中销声匿迹。"在这里，"世界的除魅"（或译作"祛魅"，disenchantment of the world）极为凝练地表达了韦伯对现代社会的根本判断，也是影响深远的一个见解。

但"世界已经被除魅"究竟是什么意思呢？用简单化的比喻可以这样说：现代的来临意味着一种觉醒，像是世界到了"梦醒时分"，解除了古代迷梦一般的魅力或者魅惑。在现代之前，人们生活在一个魅惑的世界中，相信其中有神存在，有精灵和鬼怪出没，灵性不只限于人类，动物也有灵性，甚至万物有灵。这些超越人类经验感知的所谓"超验"的存在，是冥冥之中难以言说的神秘事物，却构成了古代精神极为重要的一部分。因此，古代世界笼罩在神秘的精神之中，让人难以理解，无法参透，也因此让人敬仰和畏惧。恰恰是这种神秘精神，让人类与整个宇宙连成一体，并从这种联系中获得生存的意义。

古代人的终极价值，生命的根本意义，不是人类自足的，而是依托于比人类更高的存在，依赖于宇宙的整体秩序。人们往往通过宗教信仰和仪式，通过与超验存在的联系，确立生命的意义与目的，获得所谓"安身立命"的根基。

后来，西方历史进入了现代。经过宗教改革、启蒙运动和科学革命之后，西方人越来越倾向于以理性化的方式来探索世界和自己，也就是说，越来越信奉科学的认识模式。科学是理智化活动的典型体现，依靠冷静的观察、可靠的证据、严谨的逻辑和清晰的论证。科学论述的特点是可观察、可检验、可质疑、可反驳、可修正，在根本上抵制神秘、反对迷信。在这种理性化和理智化的时代，人们很难再轻信古代的玄思妙想，不再接受各种"神神道道"的话语。世界被理智化了，也就是被人看透了。比如，在漫长的古代历史上，日食或月食曾被视为神秘的天象，而当现代天文学揭穿其中奥秘，这些以往"神秘"的天象变得清澈而简单，一下子就失去了迷魅之处。世界被看透了，没有什么不可思议的说不清道不明的神秘之处。人们相信，即使有些事情一时还看不透，但在原则上终究是能被看透的，其中的奥秘迟早会被破解。

韦伯告诉我们，随着现代的来临，一场精神的巨变发生了：古代世界那种迷雾一般的魅惑，在现代的"清晨"被理性化的光芒驱散了。现代人在回望古代世界的时候，会有一种"大梦初醒"的感觉，这就是所谓"世界的祛魅"。需要注意的是，韦伯将"世界的祛魅"视为现代转变的精神特征，这是对客观事实的描述，并不带有价值判断的倾向。他并没有说这一转变是值得庆幸的，也无意去赞颂祛魅之后的世界。实际上，韦伯对此怀有复杂暧昧的态度。因为他知道，这个"梦醒时分"对许多人来说,在精神上是格外"荒凉"的,信仰失去了以往神秘的根基,而科学又无法为生命的意义提供新的根本依据,终极价值不再具有客观性和公共性,会让人茫然若失。因此,韦伯才会说,"那些终极的、最高贵的价值,已经从公共生活中销声匿迹"。

然而,世界的祛魅是现代世界的真相。韦伯主张,无论对此感到多么无助,多么失落,我们必须直面这个真相,这就是所谓现代性的境况。在这种条件下,学术生涯以及政治事业,到底还有什么价值?我们如何从事学术和政治?这些都变成了极具挑战性的困难问题。

智性的诚实:志业演讲的背景与基调

古今中外有许多为人传诵的演讲词,人们熟知的名篇佳作大多具有激荡人心、感人肺腑的力量。而韦伯的这两篇演讲则相当不同,没有激发共鸣、感染听众,反倒是刻意地回避听众的期待,抑制他们的激情。因此,这两篇演讲都有一种格外冷峻的风格。领悟这种冷峻的基调,是解读这本书乃至韦伯思想气质的入门钥匙。

如果我们仔细阅读文本,会发现两篇演讲的开场与结尾都是精心布局的。两篇演讲的开头有明显的相似之处。在"学术作为志业"的开篇中,韦伯说他习惯用一种"学究气"的方式来处理问题。对于"学术究竟有什么意义""学者需要具备哪些条件",他没有直接告诉听众所期待的答案,而是用一种迂回的、有点学究气的方式,慢慢进入主题。类似的,在"政治作为志业"的演讲中,他开场的第一句话就说，"在某些方面注定会让你们失望"。这里"失望"这个词对应的德文单词意思有点复杂，同时有"失望""幻灭"和"挫折"的意思。韦伯知道，听众非常期待他能对当时紧迫的政治现实发表明确的见解，但他从一开始就坦言，他不准备去满足这种期待，相反，他可能会让大家感到挫折和失望。

那么，韦伯为什么拒绝迎合听众的期待？为什么要故意采用带有"间离效应"的修辞策略？在我看来，这是源自他对当时历史背景和德国局势的洞察和忧虑。

韦伯所处的时代，见证了德国的巨大变迁。在20世纪初，德国经济迅速崛起，在1913年超过了英国，跃居为仅次于美国的世界第二大经济体，但次年就卷入了第一次世界大战。在思想文化方面，当时的德国出现了各种相互对立的政治立场和思想流派，有"左倾"的社会主义和共产主义，有右翼的民族主义、国家主义和军国主义，还有文化悲观主义和新浪漫主义等。各种思潮和观点，彼此之间纷争不休，走向对立分化，德国在精神上陷入了极度的混乱。在战争的阴影下，在思想界充满争议的氛围中，年轻人普遍感到迷茫，迫切希望有一位伟大的导师，能以先知般的确信为他们指明方向，对纷乱的问题给予明确的答案。

韦伯是德国思想界最具影响力的人物，而且他是一个极有魅力的演讲者，他完全有能力满足年轻人的心愿，做一番才华横溢、俘获人心的演讲。但他刻意回避了感召人心的言辞，有意识地选择了格外冷峻的方式。因为他看到了当时德国精神氛围的危险。思想界弥漫着狂热与骚动的情绪，很容易让煽动家和假先知大行其道，他们编织迷人的幻觉，散布言之凿凿的错误答案，鼓吹虚妄的信心，误导人们去寻求虚假的希望，走向极端狂热，或者传播貌似深刻的虚无主义，让年轻人陷入不可自拔的悲观和绝望。韦伯决意要做一名抵挡者，要抵御这些迷惑对思想的腐蚀。韦伯坚信，学者遵循的最高原则是"智性的诚实"（intellectual honesty），就是要揭示真相，无论真相有多么严酷。但同时，他又不希望人们被严酷的真相所吓到。揭示真相是为了让人清醒、清澈和清晰，而不是在发现真相之后陷入伤感、绝望、虚无或者狂热。这当然是十分艰巨的任务，需要一种罕见的审慎与均衡感才可能达成。

志业演讲的冷峻基调正是来自韦伯的审慎。一方面拒绝虚妄的信心，因为他明白，在祛魅之后的现代世界，以往单纯的信仰和价值不再具有不证自明的坚固性，而在德国陷入战争的危急时刻，所有紧迫的现实问题也都不会有简单明了的现成答案。在这样的处境中，无论从事学术还是政治，前人信奉的那种明确而伟大的意义不再可信，而且在实践中会面临艰巨的挑战和考验。在此，谁要是宣称自己能够提供确定无疑的信念，给出可靠无误的答案，那就是在蛊惑人心，就是假先知。在另一面，韦伯同时又要抵制极端的虚无主义和悲观主义，他需要在复杂而不确定的时代中，细心分辨什么是"可知的"与"不可知的"，什么是"可为的"与"不可为的"，以及两者之间的界限，从而论证，我们在放弃虚妄的信念之后，并非无路可走，仍然可以有所作为。因此，韦伯同时要与"狂热"和"绝望"两面作战，他试图在各种蛊惑人心的喧哗之中发出冷峻的告诫，引导人们走向清醒，认清现代世界的特征和自身的处境，从而在良好的现实感中寻求有限的希望，在审慎的判断中付诸积极进取的努力。

明白了韦伯所处的时代以及他所信奉的"智性的诚实"，就能够理解他冷峻的基调，并发觉其中也蕴含着审慎进取的品格，这突出地体现在演讲的结尾之处。对照阅读两篇演讲的结尾，我们也会发现有类似之处。

在"学术作为志业"的结尾，韦伯引用了《圣经·旧约》的一段经文，那是《以赛亚书》中与守夜人的问答："守望的人啊，黑夜还要多久才会过去呢？"守夜人回答说："黎明就要来了，可黑夜还没过去。如果你还要问，那就回头再来。"他由此告诫听众，如果你想要期待新的先知，期待新的救世主，那还为时过早，黑夜还没有过去！这是击碎虚妄的梦想，唤醒你面对现实。但韦伯同时也劝导年轻人，黑夜是等不过去的，在黑夜里，我们仍然应当做自己能做的事情，这是激发和鼓励一种踏实而审慎的积极态度。

而在"政治作为志业"的结尾，韦伯引用了莎士比亚的一段十四行诗，那是赞美萌生在春天的爱情，成熟于夏日的诗篇。然后他说，政治的情况若能如此就太美妙了，但韦伯坦言"这不会发生"。德国迫切需要真正成熟的政治家，却仍然没有出现。韦伯预言十年之后再来回望，情况可能会更糟，那很可能"已是反动岁月降临到我们头上很久的时代"，今天的大部分希望会落空。的确，历史应验了韦伯的忧虑，此后的十年，正是纳粹势力从发端走向兴盛夺权的反动岁月。他说等待我们的不会是"夏日将临"，而是"冰冷难熬的极地寒夜"，这是相当暗淡的前景。但即便如此，他仍然阐明了"政治成熟"的标准，并坚信唯有达到这种标准的政治家才值得最高的敬意。

两篇志业演讲分别以"夜晚之黑暗"与"冬日之寒冷"的比喻收尾，韦伯以智性的诚实坦言，无论投身学术还是从事政治，你都将陷入艰难的局势，会经历严峻的考验。韦伯没有掩饰自己悲观的判断，但在他冷峻的告诫之中，饱含对"学术"与"政治"这两种志业的深切敬意，也因此蕴含着诚恳的激励，期望年轻人在认清艰巨的挑战之后不陷入绝望，仍然能以热情的心态与清醒的头脑去直面挑战，怀着踏实的英雄主义，致力于这两项值得献身的事业。

思想的清明：学术之可为与不可为

"学术作为志业"的主题似乎很明确，针对在场的青年学生来讲解如何从事学术工作的问题。但我们后来会发现，韦伯实际上不动声色地转移了话题，从"如何做学术"转向了"为何要做学术"的发问，最后切入根本性的大问题：在现代世界中，学术本身究竟还有什么意义？

演讲一开始像是"就业指南"，似乎有点琐碎，相当"学究气"地探讨学术工作的外部条件，告诫年轻人，现在从事学术工作是非常困难的。因为学术工作依赖于制度环境，而现在大学的体制条件不容乐观。德国本来有洪堡大学这种"自由大学"的理念和传统，但现在的德国大学变得越来越像美国，非常专业化，学科分工明确，像是工厂里的劳工。而且学术象牙塔的等级严密，年轻人向上晋升的过程艰辛而漫长，常常听凭运气的摆布。讲述学术外部条件的严峻现状，是要对渴望献身于学术的年轻人泼冷水：学术工作投入很大而回报很少，作为谋生手段"性价比"很低，像是"一场鲁莽的赌博"。韦伯告诫年轻人，不要对运气心存幻想，如果选择了"学术"这条不归路，那就不要郁闷，不要怨天尤人。

既然外在条件如此严峻苛刻，那么我们为什么还要投身于学术生涯？这必定需要来自内心的支持。因此，韦伯把话题转向了"对学术的内在志向"，就是对学术的热爱与激情，这种"在局外人看来的痴迷"，标志着真正学者的人格气质。但这种热情不是所谓"个人性情"的展现，不是"一场表演"，不是对学者自身的沉湎自恋，而是朝向学术本身的奉献，接近信徒对宗教的奉献。

在此，我们就可以来解释演讲标题中"志业"（德语的Beruf）这个词的意思。"志业"这个词在汉语中多少有生造的意味，对应的英文翻译是"vocation"，包含"召唤"（calling）的意思。志业超越了单纯作为谋生手段的职业，是一种听从神圣召唤、怀有信仰和使命感的精神活动，有点接近中国人讲的"神圣事业"或者"天职"。

如果将学术当作志业，那么问题好像就解决了。献身于学术似乎就有了明确的理由：就是对学术本身不计功利得失的激情，来自"为学术而学术"的信仰。但恰恰在这里，更重大的问题出现了：凭什么学术能够作为"志业"？学术本身究竟有什么独特的价值，以至于能让人对它抱有神圣的信念和持久的信心？由此，这场演讲就从一个"就业指南"转向真正核心的问题：学术究竟有什么意义？韦伯接下来的长篇论述，既出人意料，又摄人心魄，可以分成两个部分。首先是否定性的论述，就是论证学术并没有人们通常以为的那些价值和意义。在揭示了种种错觉和误会之后，韦伯转向了肯定性的论述，试图最终阐明学术还可能有什么意义，为何还能作为"志业"值得我们奉献。

韦伯的否定性论述可以称作"学术之不可为"。他出乎听众的预料，没有去为学术的神圣价值做辩护，相反，他试图揭示，通常人们对于学术抱有的那些信心和信念是未经充分反省的，传统所确认的学术价值在现代世界中可能根本不可靠。他首先将学术（也就是德语所称的"精神科学"）界定为"理性化和理智化"的工作，然后逐一反驳人们对学术价值的流行理解和传统认知。比如，学术能够让我们更好地理解自己、理解我们所处的世界吗？韦伯的回答是否定的。他认为，理智化进程中，人割裂了与宇宙秩序的精神联系，我们反而难以整体性地、充分地来把握世界和自我。再比如，学术能够帮助我们获得更完满的人生吗？韦伯认为不能，相反，由于学术发展，我们的人生反而难以完满了。在传统社会中，我们对世界是相对熟悉的，过完了一生会有一种"享尽天年"的感觉。而现代知识的不断更新，带给人们"日新月异"的感受，一切都是速朽的，于是我们过了一生，也只能理解人类文明进程中微乎其微的一部分，死亡不再是"圆满"而是中断，生命的意义未曾充分实现，因此有一种残缺的感觉。

更为重要的是，从讨论柏拉图著名的洞穴寓言开始，韦伯打破了人们长期信奉的关于学术的传统神话。大家或许知道，柏拉图在《理想国》第七卷开头讲述的洞穴寓言。被禁锢在黑暗中的奴隶，走出洞穴看到了太阳，发现了最高的真善美。这个寓言是西方思想"启蒙"的原型，而理智化的进程就是从洞穴向上攀登、迎接光明的历程。因此，以理智化为特征的科学或者学术一直被认为具有"道路"的意义，由此通向真理、善和美、"通向真实的存在""通向艺术真实""通向自然""通向上帝"或者"通向真正的幸福"。而韦伯以极为凝练的思想史分析，阐明了现代学术恰恰是通向"意义破碎化"的道路，是通向"怀疑"的道路。因为理智化发展的结果表明，真善美不是和谐的整体，而是相互分裂的，科学真理不能告诉我们世界的意义，无法为宗教或信仰奠定基础，无法解决多元价值之间的纷争，也无法为我们选择生活的终极目标和政治判断提供根本指南。因此，所有以往对于"道路"的理想都不过是幻觉，学术已经失去了传统期许的价值和信心。

想象一下，假如你是当时台下的一名听众，会有怎样的心情？会不会有一种幻灭之感？所幸的是，韦伯在击碎了种种幻觉之后，仍然保留了一些希望。他指出，学术虽然不具有人们以往相信的意义，但仍然有三种价值。第一是实用性的价值，学术能够帮助人们"计算"，能够通过证据和分析来辨析状况，使人更好地理解自身的处境，从而有效地权衡利弊和控制行为。第二，学术具有思想方法的价值，能促进思维训练，扩展思考的工具。这两种价值浅显易懂，韦伯只是点到为止。最后，他阐述了学术的第三种，也是最重要的益处，在于使人头脑"清明"。

但"清明"是什么意思呢？我们已经知道，理性化和理智化已经让世界解除了迷魅，在这种现代境况下，学术探索无法论证人们应当皈依哪一种宗教，信奉什么样的终极价值，这就是韦伯讲的"诸神之争"局面：人们秉持各自不同的信仰，学术对此无法做出高低对错的裁决。但韦伯认为，学术仍然有助于我们认识，一旦你选择了某种立场，你应该用什么方式来达成自己选定的目标，你如何才不会陷入自相矛盾，才能避免事与愿违；学术也有助于我们认清，恰恰因为立场是你自己的选择，你必须为其后果承担责任。这就是韦伯所讲的"思想的清明"。具备这种清明，我们才能获得"内心的一致性"，形成完整的人格。学术无法解除我们抉择的负担，无法代替我们承受抉择的责任和危险，但提供了对行动手段的认识，对可能结果的预期，有助于我们在抉择之后更为清醒而明智地行动。学术的价值和意义虽然有限，但韦伯相信，在祛魅之后的世界里，"启人清明，并唤醒责任感"的事业仍然弥足珍贵，值得当作"志业"去追求。

信念与责任：政治家的品质与成熟

韦伯两次演讲的时间相距十四个月，形势发生了重要变化。第一次演讲的时间是在1917年11月，当时一战还未结束，德国在战场上还有相当的优势，而第二次演讲发表在1919年1月28日，德国已经在两个月之前宣布投降，以战败而告终。

韦伯本人对"政治作为志业"的演讲不太满意，后来讲稿发表时做了很多补充和修改。这次演讲涉及了相当广泛的议题，其中许多论点，比如"国家是对暴力的合法垄断"的定义，以及对统治的三种正当性类型的划分，后来都成为20世纪政治学科的核心主题。在这里，我们着重讨论其中一个主题，就是韦伯对于政治家的论述。在现代世界，一个政治家需要具备哪些重要的品质？又会面临什么样的挑战？什么才是理想的政治家？

首先需要注意韦伯做出的一些类型区分。从事政治活动有两种不同的方式。一种是"靠政治而生存"，指从政只是其谋生的手段，政治只有工具意义而没有内在价值。在韦伯心目中，靠政治而生存的人不能算真正的政治家。严格意义上的政治家是另一种类型，韦伯称为"为政治而生存"，他们从事政治是听从使命的"召唤"，是将政治作为"志业"的人。

相应地，韦伯还区分了官僚与政治家。官僚就是政治系统中的行政官员、公务人员或者"官吏"。官僚的首要职责是服从上司，严格遵守纪律，最重要的特点是"专业化"抑制"个人化"。他们对于工作本身没有好恶感，没有个人信念，或者说，必须克制，甚至消除个人化的感情、立场与党派倾向，保持中立，做到不偏不倚，他们只对规则和指令负责，不用考虑政治活动的终极目标，也不用对政治大局和最终结果负责。极端地说，官僚系统的最佳状态就是一部高效率的运转良好的机器，它是没有"灵魂"的，这也是理性化时代对现代政治的塑造结果。而政治家则不同，严格意义上的政治家，尤其是韦伯说的"政治领袖"，具有鲜明的"好恶感"，他们有明确的信念和立场，必须对政治行动的最终结果负责，而且责无旁贷。虽然韦伯没有做明确的对应，我们有理由相信，官僚多半是"靠政治而生存"，而政治家是"为政治而生存"。在韦伯看来，政治家必须引领官僚系统，为其"注入灵魂"，才能在政治事业上有所作为。

韦伯认为，在官僚体制日益庞大的现代国家中，政治的外部条件不利于产生那种有志向、有立场的志业政治家。那么"为政治而生存"的人尤其依赖于其内在品质。在他看来，政治家在人格上应当具备三种品质：热情、责任感和判断力。

首先，热情似乎比较好理解，将政治作为志业的政治家，是出于信念、为了理想投身于政治活动，当然会有强烈的情感。但韦伯对政治家的热情做出了精微的辨析。他强调指出，强健的政治热情是一种坚忍不拔的激情，一种在坚定信念支持下的勇敢无畏、从容不迫，而不是那种心血来潮的狂热，或者夸夸其谈的"煽情"（sensation）。

韦伯将这种空洞的热情称为无用的"亢奋"。"亢奋"只是演员的热情，在政治上是虚弱的。

第二，判断力是政治家极为重要的品格。韦伯强调，政治是复杂、多变和危险的实践活动，容易让人迷惑，所以他多次将政治比作"魔鬼"。从事政治的人是跟魔鬼打交道的人，很容易走火入魔。因此，政治家必须具备卓越的判断力，对复杂的局面和形势，既要有深入其中、抵达内在理解的能力，又要有抽身而出、拉开距离、冷眼旁观的能力。政治家需要清醒的审时度势，保持良好的分寸感，这是相当难得的品质。政治的判断力与热情也是相互关联的，如果失去了良好的判断力，政治热情很容易蜕变为无用的"亢奋"。

第三，政治家还必须具备健全的责任感。这听上去是浅显的道理，像是老生常谈，但深究起来却相当复杂。政治家要对什么负责？怎么做才算是负责？在韦伯看来，所谓"担当责任"，是一种伦理要求，但政治家经常会面对两种不同的伦理要求，分别称为"信念伦理"和"责任伦理"。简单地说，信念伦理要求遵循自己信奉的理想原则去行动，不计后果，不论成败，无条件地忠实于原则的纯洁性。而责任伦理的要求则不同，需要行动者格外关注后果。政治是具有后果的实践行动，而且后果往往影响重大，所以遵从责任伦理的要求，对可能的后果深思熟虑，并担负责任，就变得尤为重要。

但是，"信念伦理"与"责任伦理"这两种原则之间究竟是什么关系？在演讲中，韦伯一方面主张这两种原则"本质不同，并且势不两立"，但他又明确指出，以为"信念伦理就是不负责，责任伦理就等于毫无信念的机会主义"是完全错误的看法，后来又说到，这两种原则"不是截然对立的，而是相互补充的"。也许，韦伯期望政治家能兼顾这两种伦理要求，但又提醒必须认识到这两者之间存在深刻的冲突。实际上，对于"信念伦理"与"责任伦理"的确切含义，彼此之间的区分和关联，构成了韦伯研究中一个相当有争议的难题。在这里，我们暂时撇开复杂的学术争论，来把握韦伯论述中一个相当明确的倾向，那就是尖锐批判对信念伦理的片面执着，这关乎他心目中政治成熟的标准。

在当时的德国，有许多标举信念伦理的政治人物，韦伯对他们持有强烈的质疑和批评。首先，固执于信念伦理的人，一味追求让"纯洁的信念之火"燃烧不熄，他们相信善良的意愿最终会导致好的后果。但韦伯指出，在政治领域中，这种想法是极为幼稚的，真实的情况往往相反，不理解这一点的人，被他称作"政治婴儿"。其次，这不仅幼稚，而且危险。政治权力往往涉及暴力的使用，遵从信念伦理的人，就逻辑而言，应当拒绝使用任何"不道德的手段"来实现理想。但在现实政治中，那些信念伦理的信徒恰恰相反，他们往往呼吁"最后一次"使用暴力来终结暴力，获得永久的和平。但这种妄想实际上造成了更持久、更恶性的暴力冲突，造成了更大的政治灾难。

遵循责任伦理的政治家极为重视行动的后果，这当然并非易事。重要的挑战在于，政治行动的后果往往不会让所有人皆大欢喜，那么"什么算是好的后果"，判断的标准何在？如果一项政治举措能大大提升国家实力，但同时会严重损害个人自由，这算不算好的结果？对此，韦伯没有给出实质性的回答，因为各种政治理想之间的分歧，也处在"诸神之争"的现代困境之中，很难做出理性的裁决。然而，韦伯有一个判断标准是明确的，那就是目标与结果的一致性。无论你信仰什么，理想的目标是什么，政治行动的实际后果应当符合最初意愿的目标，而不是事与愿违。如果你的意愿是建立一个自由的社会，但结果却是普遍的奴役；如果意愿是人人平等，结果却是等级分化严重、贫富不均悬殊；如果意愿是一个道德纯洁的社会，结果却是伪善和腐败的蔓延；如果意愿是安全与稳定，结果却是人人自危和动荡不安，那么，你作为政治家就是不合格的。以这个标准来看，恰恰是那些信念伦理的信徒最为失败，他们怀有崇高的意愿，但结果往往事与愿违，失败之后也常常推脱责任，怨天尤人，这就是韦伯所称的"政治婴儿"。

韦伯说："政治意味着兼用热情和判断力坚毅地钻透硬木。"成熟的政治家需要同时具备热情、判断力和责任感这三种素质。虽然成熟的政治家也并不能确保事业的成功，但是，在信念的激励下尽己所能，清醒判断，审慎行动，最大限度地达成符合意愿的后果，那么即便失败，最终也能问心无愧，值得尊敬。所以韦伯说，"能够深深打动人心的，是一个成熟的人，他意识到了对自己行为后果的责任，真正发自内心地感受着这一责任。然后他遵照责任伦理采取行动，在做到一定的时候，他说，'这就是我的立场，我只能如此'"。

未决的难题：现代困境与韦伯的精神气质

韦伯的两次志业演讲，发表在他生命最后的两三年之间，可以说是其一生思想的缩影。当时有学者评论说，这是"长久酝酿斟酌的思考，以爆炸性的力量当场成篇"的演讲。但这种力量带来的冲击与震撼，既发人深省，又让人惶恐，因为韦伯揭示了现代世界最深刻的困境，可以称为"知识与信仰的分裂"，这是一个具有经典意义的难题。在整个20世纪，西方思想界反复探讨、争论不息的许多主题，包括现代人的心灵危机、虚无主义、相对主义、政治决断论，以及极权主义的起源等，都与这个重大难题密切相关。在这篇导读的最后，我们尝试以最为浅显的方式来阐明这个难题的要点与意义。

真善美统一性的瓦解，是韦伯在演讲中谈到的一个要点。学术知识的目标是求真，就是发现自然世界与人类社会的事实真相。但在西方传统的观念中，真善美是一个和谐整体，发现了事实真相，也就能确立伦理道德的标准，由此分辨好坏对错，而且还能够确定美的本质，从而得以鉴别美与丑。但是现代学术的发展表明，真是一种事实判断，善或美都是价值判断，三者背后没有统一的依据。韦伯在演讲中谈到，如果一名学者在"表达自己的价值判断，那么他对事实理解的完整性就终结了"，这意味着韦伯认同苏格兰哲学家休谟的观点，事实与价值属于两种不同的问题领域，前者是"实然"问题，关乎"实际上是什么"，而后者是"应然"问题，判断"应当是什么"，实然与应然之间有没有逻辑的统一性。

韦伯在演讲中说到，善的事物不一定是美的，而且恰恰因为不善才成为美。他举的一个例子是波德莱尔的诗集《恶之花》，恶的东西竟然可以绽放出美的花朵，似乎令人不可思议。但如果你经常去博物馆，熟悉千姿百态的"现代派"作品，就不会为此感到惊奇了。真善美是人类重要的三个精神领域，这三者之间没有统一的判断标准，没有同样的理性基础，这种统一性的瓦解，被当代德国的大哲学家哈贝马斯称作"人类精神总体性的分裂"，造成现代世界最深刻的困境。

现代的困境体现在什么方面呢？这关乎生命的意义问题。我们在前面讨论过，在古代世界中，人们将自己的生命嵌入整体的宇宙秩序之中，与神意或天道之类的"超验存在"密切相连，由此确立生命的意义。但经过现代的转变之后，宇宙秩序被祛除了迷魅，只剩下物理学意义上的因果规律，不再蕴含任何神秘的目的和意义。现代人失去以往安身立命的根基，而又无法依靠现代科学来重建意义的基础。韦伯在演讲中专门指出，所有价值判断最终都依赖于某种前提预设，而预设本身是科学无法证明的。比如说科学具有"值得作为志业"的价值，这种说法本身是一个预设，无法用科学来证明。至于说"这个世界是有意义的"或者说"生活在这个世界里是有意义的"，那就更不可能证明了，韦伯说"科学从来不提这样的问题"。支撑人类生活意义的重要观念和原则，包括宗教信仰、人生理想、道德规范以及审美趣味等，都属于"应然"领域的价值判断，而理智化的科学知识属于"实然"领域，旨在发现世界的真相"是"什么，只能做出相应的事实陈述，而无法回答"人应当怎样生活"这样的价值判断问题。

这就是"知识与信仰的分裂"，由此造成的困境体现在两个方面。在个人层面上，是所谓"现代人的精神危机"。人应当信奉什么、应当怎样生活，最终只能依赖个人的主观选择，而这种选择无法获得理性论证的担保。正如韦伯所言，"个人必须决定，在他自己看来，哪一个是上帝，哪一个是魔鬼"。现代人拥有自由选择信仰和理想的权利，但这种自由可能成为沉重的负担。我们可能变得茫然失措，不知如何选择，或者采取所谓"决断论"的立场，听凭自己的意志，随心所欲地断然抉择。在政治层面上，现代社会面临着多元价值冲突的挑战。由于信仰无法获得理性的客观根据，人们信奉的终极价值多种多样，而多元价值之间的冲突无法通过知识或理性辩论来解决,这就是韦伯所说的"诸神之间无穷无尽的斗争"。

如何拯救现代人的心灵危机？如何克服现代社会多元主义的挑战？这些问题在20世纪引发了学术界和思想界经久不息的热烈辩论。有人呼吁复兴宗教、回归传统，有人主张重返"古典理性主义"，试图为信仰和价值奠定新的基础。对于这些努力，韦伯大概会不以为然。因为他深信，世界的祛魅是难以逆转的现代变迁，而现代科学或学术在根本意义上无法为宗教信仰辩护，无法解决终极价值之间的冲突，这超出学术的有效性边界。跨越这种边界的僭越，都可能是对"智性的诚实"的背叛。

那么，韦伯自己会如何应对现代的困境？他当然明白在世界祛魅之后个人与社会生活会面临何等艰巨的挑战，因此，他的冷峻言说时常带有悲观的色彩。但韦伯相信，逃避或掩饰现代的困境是精神上的虚弱，我们必须接受这种"萧瑟命运"。他信奉尼采的名言，"一个人能承受多少真相，是其精神强度的检验"。我们可以进一步追问，韦伯将如何面对艰难的抉择？他是一个决断论者吗？在某种意义上，韦伯具有决断论的倾向，因为他相信终极价值没有坚如磐石的理性基础，"诸神之争"无法依据理性判断做出裁决，正因如此，个人要为自己选择的人生信仰负责，政治家要为自己行动的后果负责，而且无可推脱，责无旁贷。担负这种沉重的责任，需要强健的精神意志，一种英雄主义的品格。但在另一种意义上，韦伯又显示出抵御决断论的倾向。韦伯承认主观选择是不可避免的，但"主观"并不等同于"任意"或"武断"，学术滋养的"思想的清明"在此能够发挥不可忽略的作用。学习神学知识会有益于个人选择和实践宗教信仰，理解政治学原理也必定有助于政治家的判断和决定，虽然知识终究无法代替最终的信念选择或政治决定，但抉择却因此不再是单纯的随心所欲，负责也不只是意气用事。

韦伯以自己一生对学术的奉献，抵达了思想清明的最高境界。于是，健全的心智结合强劲的英雄品格，构成了韦伯独有的精神气质。正如哲学家雅思贝斯所描述那样，韦伯不必诉诸幻觉，就能将自己内心的极度紧张与外部生活的多种矛盾综合在统一的状态之中，保持精神上的宁静。他称韦伯是"我们时代最伟大的德国人"。

民粹主义的本质
——米勒《什么是民粹主义？》中译本导读

"民粹主义"（populism）是西方政治学研究中的重要概念，近年来成为公共舆论中频繁使用的热词，以此描述一种令人注目的新兴政治势力：从英国独立党领导人法拉奇，美国总统特朗普，法国"民族阵线"主席勒庞，到匈牙利总理欧尔班以及土耳其总统埃尔多安等。这些政治人物呈现出某种"家族相似"特点，他们强硬而富有煽动力，鼓吹极端的理念和政策，宣称代表底层民众，诉诸民众被漠视的利益和被压抑的愤怒，誓言彻底改变腐败和无能的建制派精英们所造就的黑暗现状，并许诺民众一个崭新的光明未来。在许多评论家看来，民粹主义是一个现成可用的概念，得以把握当下一种重要政治动向的特征。这个概念也因此走出了学术研究的象牙塔，成为公共领域的一个焦点议题。

在近年大量出现的相关著作与文章中，米勒的《什么是民粹主义？》脱颖而出，甚至被誉为"对民粹主义现象最好的理论解释"。[1]这本书在2016年4月由苏尔坎普（Suhrkamp）出版社推出德文版，英文版于8月出版（宾夕法尼亚大学出版社），次年12月，企鹅书局又发行了新版（增加了新的后记），至今为止，已经有20多种语言的译本出版，获得了广泛的引用和评论，颇具轰动效应。

这部篇幅短小的著作得以产生如此影响，或许与作者本人日渐上升的声誉有关。米勒是1970年出生的德国人，曾在柏林自由大学、伦敦大学学院和牛津大学学习。1996年成为牛津大学万灵学院（All Souls College）的获奖学者（Prize Fellow），七年之后在圣安东尼学院（St.Antony's College）的现代欧洲思想与欧洲研究中心担任研究员。2005年开始在普林斯顿大学政治学系任教，目前是政治理论教授。米勒在欧洲思想史与政治理论领域的研究成就卓著，从2000年起先后出版了七部著作（其中《另一个国度：德国知识分子、两德统一及民族认同》《危险的心灵：战后欧洲思潮中的卡尔·施米特》和《宪政爱国主义》等已有中译本出版），受到学界的关注与赞赏。同时，米勒对社会公共事务怀有热忱，曾于2000年在柏林共同创办了欧洲文理学院（European College of Liberal Arts），这是德国第一所英语教学的私立文理学院。他还是活跃在公共领域的知识分子，积极介入当代思想辩论，在重要报刊媒体发表文章、接受访谈，在许多著名高校和研究机构参加会议、发表演讲（2018年10月曾应邀在北京大学举办讲座）。他的视野开阔、思想敏锐、文风犀利，又有非常出色的学术训练，在当今欧美思想界越来越引人注目，已经成为中生

---

[1] 参见耶鲁大学教授丹尼尔·施泰因梅茨-詹金斯（Daniel Steinmetz-Jenkins）的书评，"The Logic of Populism," *Dissent*, Vol.64, No.2（Spring 2017）。作者承认米勒著作的重要影响，但提出了批评性的评论。

代自由派的思想健将。

《什么是民粹主义？》正是一部介入思想争论的著作。民粹主义的概念相当复杂，也容易被滥用。早在半个世纪前，伦敦经济学院曾为此召开过学术研讨会，与会者们一致同意，"民粹主义"这个术语虽然有用，但含义太过模糊以至于无法形成单一的确切定义。[1]概念上的这种含混歧义一直持续至今，也反映在最近的公共论述中。米勒这本书的一个主旨就是要做概念清理。他反对时下对"民粹主义"一词过度宽泛的使用。民粹主义可能表现为反建制、敌视精英、愤怒、非理性、不负责任、仇富、排外……但所有这些都不是其独有的特征。米勒认为，民粹主义的"界定性特征"（defining feature）不是反对精英，而是对"人民"代表性的垄断：民粹主义者们宣称，他们，且只有他们才代表"真正的人民"及其意志和利益。这种对政治代表性的道德垄断才是民粹主义的独特之处。

诉诸"人民的意志"意味着信奉"人民主权"原则，因此民粹主义与民主政治具有令人迷惑的相似性，也总是如影随形。米勒认为，民粹主义是代议制民主无法摆脱的"永恒的影子"，是一种"源于民主世界的内部"的危险。但民粹主义要维持其对代表性的垄断，必须抹杀现代社会的多元性，也就必须压制和排斥部分民众的意志和利益，从而反讽地陷入它所指控的那种精英政治罪行（压制与排斥）。在根本上，反多元主义（anti-pluralism）的特征使民粹主义不仅是反自由的，最终也是反民主的。

米勒对施米特有过深入的研究，特别对施米特的"同质化人民"

---

[1] "What is Populism?" *The Economist*, Dec. 19, 2016.

做过尖锐的批评分析，这使他对民粹主义的反多元主义特征抱有特殊的敏感性。在他看来，一个复杂多元的现代民主社会中，绝不存在单一的政治意志，更不用说单一的政治观点了。这是所有欧美社会的政治现实。英国脱欧公投中，有48%的投票者选择留在欧盟；美国总统大选中，希拉里·克林顿获得超出特朗普286万张的大众选票；欧尔班在匈牙利策划公投"抵制布鲁塞尔在移民问题上发号施令"，但投票人数未达到一半，实际上失去了法定效力。但所有这些事实都不妨碍民粹主义政客声称代表全体人民。法拉奇宣称，英国公投的结果是"真正的人民的胜利"，这意味着反对脱欧的公民算不上"纯正的英国人"；特朗普也曾在竞选集会中宣称"真正重要的事情是人民的联合一体，因为其他人毫无意义"。显然，民粹主义者需要制造一个神话：世上存在一个真正的"人民"群体，一个同质性的、永远正直的人民，全体人民可以通过一个声音表达心声，而民粹主义者自己就是这个声音，是人民独一无二的道德的代表。

民粹主义对民主政治会造成什么样的危害呢？在米勒看来，首先是将政治对手"非法化"。指控自己的竞争者"非法"并不是在表达政策分歧（政策分歧本身是民主政治的特征之一），而是将政治对手妖魔化，"揭露"他们的人格扭曲或道德腐败。米勒曾在一篇文章中提到过一个妖魔化的极端例子。美国有一名右翼电台节目主持人亚历克斯·琼斯（Alex Jones），是特朗普狂热的支持者，而且收到过特朗普本人的电话致谢。他在网站上发布消息说，克林顿和奥巴马真的是从地狱中上来的人，"如果走近他们，你会闻到地狱的硫黄气味"[1]。在这种妖魔化的驱动下，民主不再是竞争的政治，而是你死我活的恶性斗争，是善恶之间的决战。同样，由于民粹主义者否认社会的多元主义，执意要把公民之间的分歧转化为"人民与非人民的对抗"，坚持要将异己的人群——那些不支持或不认同他们"人民"观念的人——排除在"真正的人民"之外。

在对民粹主义的特征做出阐释之后，米勒也对当前相关讨论中的一些流行误解提出了批判分析。首先，有人相信民粹主义与代议制民主相比更具"直接民主"的倾向，这会使政治更贴近民众。但米勒反驳说，民粹主义者并不反对代议制民主，只要他们自己是那个代表，他们甚至可以不反对精英，只要精英是他们所定义的"人民"的代言人。他们呼吁要让"人民自己发出声音"，但完全不关心广泛的民主参与，他们热衷于政治和道德的断言，而不是促进开放的、自下而上的公民辩论。他们制造民意的方式是在（直接或间接的）民主程序之外来定义人民。第二，有大量研究表明，右翼民粹主义的支持者与其社会经济状况并不直接相关。在上届美国总统大选中，特朗普的支持者并非低收入人群，大多数经济状况最差（年收入不足5万美元）的人投票给了希拉里·克林顿。将民粹主义的支持群体与现代化的失败者相联系的看法，缺乏可靠的经验证据基础。实际上，特朗普的成功秘诀在于，他使许多白人（仍然占美国人口的绝大多数）相信，他们自己的地位已经衰落，变成了受压迫的少数族群，从而将"白人身份运动"与"美国人民"关联起来。第三，许多自由派分析家认为，民

---

[1] Jan-Werner Müller, "Capitalism in One Family," *London Review of Books*, Vol.38 No.23（Dec. 2016），pp.10-14.

粹主义政客一旦上台执政就会自我瓦解，因为他们没有真正可行的政策。在他们看来，民粹主义在本质上是一种抗议政治，而"抗议者是无法统治的"，因为在逻辑上，人们不能抗议自己。而米勒认为，这是一种自我安慰的错觉。民粹主义执政并不必定落入自相矛盾。执政的民粹主义者当然会面临种种挑战和失败，但他们总是可以将所有失败都归咎于那些"反人民的精英"的破坏，这就是民粹主义者往往偏爱阴谋论的原因之一。人民必须永远正确，一切失败都是敌人的阴谋所致，而国内或国外的敌人总是源源不断。

实际上，在俄国、土耳其、匈牙利和波兰等国，民粹主义政客已经成为执政者。为了制造统一的人民，那些抵制代表性垄断的人群必须被禁声或名誉扫地，或者促使他们离开自己的国家，将他们从"纯粹的人民"中剥离出去（近几年来，大约有10%的波兰人、5%的匈牙利人移居国外）。

由此，民粹主义政客不仅造就了自己的国家，而且造就了他们一直以其之名发言的同质化的人民，民粹主义因此可以成为某种"自我实现的预言"（self-fulfilling prophecy）。在此存在着一个悲剧性的反讽：当权的民粹主义者恰恰犯下了他们所指控的精英犯下的那种政治罪——排斥公民和篡夺国家，他们最终会做出所谓建制派的行径，只不过更带有合理化辩护或自觉意识。因此，以为"大众反叛"的民粹主义领袖有可能改善民主的想法是一种深刻的幻觉，民粹主义者不过是另一种类型的精英，他们试图借助政治纯粹性的集体幻象来掌控权力。

那么，应当如何应对民粹主义势力的蔓延？米勒对此并没有完整的方案，但提出了几点明确的主张。首先，需要防止对民粹主义一词的滥用。不应当将美国的伯尼·桑德斯（Bernie Sanders）、英国的杰里米·科尔宾（Jeremy Corbyn）、希腊左翼联盟（Syriza）和西班牙左翼政党"我们能"（Podemos）与特朗普、法拉奇和埃尔多安混为同一个类别，统称为民粹主义。因为只有后者才宣称自己是"真正的人民"的唯一代表，而前者承认社会的政治多元性，并在此基础上试图重塑社会民主。第二，应该认清民粹主义者们对民主的威胁，而不是夸大他们对精英权力有益的矫正作用。当然，同时需要在政治上与民粹主义者接触，而且不是援用民粹主义那种排斥和妖魔化的方式来对待民粹主义者。第三，需要将民粹主义政客与其支持者区别开来。民粹主义者虚构了"真正的人民"及其"统一的意志"，但他们触及的政治问题并非完全虚构：西方国家日益严重的不平等，以及许多公民被排除在政治进程之外，这些都不是杜撰的问题。那些支持他们的民众也并非只是受到煽动蛊惑，陷入非理性的情绪爆发。理性与情绪的分野本来并不那么泾渭分明，情绪当然可以出自理由，这不意味着我们必须接受所有这些理由，但宣称所有民粹主义的支持者都只是被"愤怒驱使"，那将永远无法对他们的理由展开真正严肃的讨论。最后，必须直面"我们时代特有的真实冲突"，主要不是所谓"精英对峙人民"的冲突，而是更为开放的倡导者与某种封闭的支持者之间的冲突。这种冲突包含着切实的利益关切，应当让贸易协议等政策转向更有利于工薪阶层，由此赢得选民的支持。当然，这只是抵制民粹主义战略的一部分。米勒告诫说，利益之战并不是一切，"自由主义者也必须踏入身份政治的危险领地"，必须打破民粹主义编造的"纯粹的人民"的幻象，并塑造一种"更有吸引力的、最终是多元主义的英国性和美国性的概念"。

米勒的著作获得了广泛的赞誉，自然也受到了一些批评和质疑。比如，耶鲁大学丹尼尔·施泰因梅茨-詹金斯教授指出，米勒的著作深受反极权主义的民主思考影响，尤其是克劳德·勒福尔（Claude Lefort）和皮埃尔·罗桑瓦隆（Pierre Rosanvallon）的著作。因此，他对民粹主义的理解建基于反极权主义的理论，而这种理论所针对的敌人如今不复存在，这使得米勒完全没有触及民粹主义与宗教之间的重要关系。[1]爱丁堡大学的埃米尔·沙巴尔（Emile Chabal）教授认为，米勒的研究注重民粹主义的形式特征而忽视了其实质内容。各种民粹主义在道德宣称的垄断性上具有形式相似性，但其内容的合法性来源却相当不同，有些诉诸超验的宗教信仰，有些标举传统，有些则依据"国家"或"革命"等世俗观念的话语建构。如果对民粹主义意识形态的实质内容缺乏分析，那就无从解释为什么有些民粹主义者能成功，有些则不能，虽然他们同样都声称"代表人民"。[2]

对于民粹主义的历史、理论与实践的研究已经有60多年的历史，近几年尤其活跃。[3]米勒这本小书的论述既不是全面系统的，也未必足够深入，但它有一个突出的特点，那就是（如其书名所示）对澄清

---

[1] Daniel Steinmetz-Jenkins, "The Logic of Populism,"*Dissent*, Vol.64, No.2（Spring 2017）.

[2] Emile Chabal, "Book review on *What is Populism*?"*Intellectual History Review*, Vol.27, No.4（2017）.

[3] 许多学者认为，"民粹主义"作为一般性概念的研究始于爱德华·希尔斯（Edward Shils）的论文《民粹主义与法治》（"Populism and the Rule of Law"），1954年4月他在芝加哥大学法学院一次学术会议上宣读的。见J.B. Allcock, "'Populism': A Brief Biography,"*Sociology*, Vol.5, No.3（1971）.

"什么是民粹主义"做出了十分富有启发性的阐释,并由此针对当下的政治现象提出许多敏锐而深邃的批判分析,这是这本书获得广泛影响的原因,也是值得读者思考与借鉴的价值所在。

人类政治的发展会殊途同归吗？
——解读福山《政治秩序的起源》

许多人都知道弗朗西斯·福山（Francis Fukuyama）的名字，因为他在1989年提出的"历史终结论"轰动一时。但你可能听说，福山本人已经抛弃了历史终结论，还可能听说，他写这本《政治秩序的起源》就表达了他立场转变之后的新思想。

我想告诉你，这些听来的看法都是错误的。

福山的基本立场是一以贯之的，30年来并没有发生根本的改变。当然，他的学说引起了许多争议，有可能是错误的。但我们首先不要搞错福山的观点到底是什么，然后才谈得上去做是非对错的评价。

那么，为什么我们需要如此认真地对待福山呢？是因为他很有名吗？并不是。重视福山的理由在于，他具有一种当代学者罕见的雄心抱负，敢于去触碰政治学当中一个古老的大问题——

人类的政治将何去何从？各种不同的政体究竟是永久保持彼此之间的差异，还是会最终走向融合？这可能是世界政治中最大最难的问题之一。

其实，对于这个大问题，中国人很早就给出了回答，但不是一个答案，而是两种截然不同的答案，可以分别用我们熟悉的两句名言来表达。一句出自春秋末期的《左传》，说的是"非我族类，其心必异"，还有一句来自南宋哲学家陆九渊，他说"人同此心，心同此理"。

转换成稍微学术一点的语言来解说，"非我族类，其心必异"代表了一种特殊主义的立场，认为生活在不同环境中的群体，必定有各自特殊的文化，也一定会建立自己特殊的政治秩序。

而"人同此心，心同此理"就代表了普遍主义的立场，相信人类的共同之处要比相互间的差异更为根本，因此人类最终会走向融合，追求大同小异的理想政治秩序。

那么在现代历史上，有哪些思想家会主张普遍主义的观点呢？其实中外都有，最有名的，比如中国的康有为，西方的黑格尔和马克思。

可是看看当今的世界局势，到处充满了纷争与冲突，大多数人对"人同此心，心同此理"越来越没有信心，认为世界走向融合是一种幻想的乌托邦。当代的绝大多数思想家，要么回避普遍与特殊之间的争议，要么怀疑普遍主义的政治理念。你大概听说过亨廷顿提出的"文明冲突论"，这就是特殊主义政治理论的一个例子。

而福山就是当代极为罕见的普遍主义者之一，他最根本的观点，如果用一句话来概括，那就是人类政治的发展是殊途同归的。

如果我们把"殊途同归"这个成语拆成两半，就更容易解释了。历史终结论讲的是"同归"，是人类的共同目标或未来的终点，而他对政治秩序的论著讲的是"同归"之前的"殊途",是从远古到现在走向未来的道路,这是多种不同的,也常常是崎岖坎坷的道路。理解了他的总体看法,就容易明白,福山的政治秩序论著并不是对历史终结论的否定,而是它漫长而复杂的前传。

通过这部书,我试着探讨政治学中最具有挑战性的大问题——人类政治向何处去,看看福山对这个挑战的回应。

我的解读包括三个部分,实际上是回答三个问题。

第一,福山为什么要写这本书?这是讲他的问题意识来由。

第二,这部书写了什么?就是讲解这本书的基本思路和核心观点。

第三,这本书写得怎么样?这是做一个简要的评价。

一、福山的问题意识

福山先后发表两部论述"政治秩序"的著作,可以看作上下两卷。上卷是《政治秩序的起源》,在2011年出版,三年之后又推出了下卷《政治秩序与政治衰败》。这两本书的英文版都厚达600多页,涵盖了从史前到当代的万年尺度的人类政治历史,堪称巨著。

福山为什么要费尽心力研究政治秩序的起源和发展呢?这里有两个直接起因。

第一个原因来自福山自己的现实感。他看到21世纪的世界政治发生一个重要的变化,那就是民主化潮流出现了逆转,这对他的历史终结论提出了一种挑战。在20世纪,从70年代初到90年代后期,世界上的自由民主国家从40多个增加到120多个，这被称为"第三波民主化浪潮"。但是在21世纪第一个10年则出现"民主衰退"。在第三波民主化的国家中，大概有五分之一的国家要么回到了威权主义制度，要么民主制度遭受了严重的侵蚀。

在2001年9·11事件发生后，美国在阿富汗和伊拉克发动两场战争，在军事上很快获得了胜利，但战后重建陷入了严重的困境，美国试图"移植"民主制度的努力举步维艰。福山本人参与了一些国际组织的国家发展项目，目睹了许多国家处在政府失灵的状态。比如阿富汗、伊拉克、索马里、海地、东帝汶和巴布亚新几内亚等国家，实际上是处在部落政治的水平，每个部落由一个大佬掌管，部落冲突频发，社会秩序混乱，治理水平低下，国际援助也难以惠及基层的普通民众，这使得福山强烈地感到国家能力的重要性。也就是说，当一个国家严重缺乏执政能力的时候，采取党派竞争和民主选举根本无济于事。

显然，一个国家是不是民主政体是一回事，它有没有执政能力则是另外一回事，两者并不相关。但这个现象并不是什么新发现，早在1968年就有一部政治学研究名著提出了这个见解。这部名著叫《变化社会中的政治秩序》，作者就是塞缪尔·亨廷顿。

而福山决心研究政治秩序的第二个原因，就是来自亨廷顿的启发。

亨廷顿是福山在哈佛大学读博士期间的老师。他们师生两人分别提出了针锋相对的"文明冲突论"和"历史终结论"，主导了冷战后10年的西方思想议程。

福山曾发表过一篇评论文章，尖锐地批评了亨廷顿的"文明冲突论"，导致了师生二人关系的疏远，有许多年不相往来。直到亨廷顿去世前的三年，他才与弟子和解，并嘱托福山为2006年再版的《变化社会中的政治秩序》撰写新版导言。

为此，福山重读了亨廷顿这部1968年问世的名著，其中有一个重要观点，那就是对处在现代转向过程中的国家来说，"政体能力"，也就是维护政治秩序和治理的能力，要比民主还是非民主的"政体类型"更为重要。民主解决的是政体的合法性问题，这不能替代政体的能力。当国家能力不足的情况下，民主化不仅难以成功，而且可能造成政治动荡。亨廷顿还指出，政治发展有自身独特的逻辑，与经济和社会的发展逻辑既有联系又有区别，当经济和社会的现代化如果超越了政治的发展，那么政治秩序就会出现衰败。

这部著作主要研究的是20世纪中叶的发展中国家如何推动政治制度的现代化，但并没有解释现代化的政治制度是从哪里来的，当然也无法处理此后半个世纪的新现象。所以，重读这部书既启发了福山，又让他感到不满足，这就成为一个契机，激发了福山系统研究政治秩序的强烈愿望。可以说，福山的两部巨著是对亨廷顿著作的扩展、更新与发展。他将《政治秩序的起源》题献给亨廷顿。

世界政治新现实的挑战，亨廷顿的理论启发，共同构成了福山的问题意识。首先，如果说他始终坚信"民主是个好东西"，但现在他更明确意识到民主要成为好东西，不是无条件的，而是依赖许多条件的支持，那他必须去探索这些条件是什么。第二，政治秩序不只是民主与否的问题，还包含其他方面的制度，那么政治秩序的主要构成是什么？彼此的关系是什么？第三，如果福山相信，自由民主制是人类历史发展的最终目标或者终点，那么为什么当今世界的政治现实仍然没有明显的融合趋势？如何才能抵达这个终点？有没有可能出现别的竞争性的制度选择？

福山的两部巨著试图回答这些挑战性的问题，为此，他需要回到起点，从起源开始，去探索和发现整个人类的政治发展逻辑。

二、政治秩序的演化逻辑

现在我们进入第二部分，来看福山这本书写了什么。这部著作是线索繁多的宏大叙事，像是茂密的大森林，很容易迷失，因此，我们需要把握作者的基本思路，其中有两个关键点，我简称为"三个支柱"和"两种力量"。

先来说三个支柱，这是政治秩序的构成要素。

探讨政治秩序的起源，福山首先要做什么呢？是回到人类的起点吗？并不是。因为在此之前，他先要明确"政治秩序"本身是什么，才能去探寻它的起源。而站在起点的原始人类并没有先见之明，不可能知道当代人需要什么样的政治秩序。

所以，福山首先是在当代的视野中，阐明什么是良好的政治秩序，由哪些要素构成，然后再用一种回望的眼光去寻根溯源。

在当代世界，哪个国家代表了理想的政治秩序呢？福山借用一位社会学家的说法，叫"达到丹麦"。丹麦好在哪里？政府廉洁而高效，社会是民主、稳定和繁荣的，人们热爱和平、自由包容。这当然好啊，几乎是人人向往的目标。

福山就把丹麦当作一个标本来分析解剖，从中发现了构成良好政治秩序的三个要素：国家、法治和问责制。我们来做些解释：

第一是国家，这里的"国家"是英文讲的state，就是通过集中权力和行使权力来发挥统治的功能，这些功能包括征税，维持社会治安和国家安全，提供基本的社会公共品等。

第二是法治，这里的法治，英文是"rule of law"，而不是"rule by law"。它不是统治者自己制定的法律，方便自己执政的工具，而是一套至高无上的普遍承认的规则，它高于所有人，包括统治者，也要求所有人都服从。法治对权力施加了规则的限制，区分了权力的正当使用和不正当的滥用。

第三是可问责的政府，这里"可问责"的英语是"accountable"而不是"responsible"。中文译本中翻译为"责任制"不够准确。问责制的意思是，政府有回应质询的义务，从而担负了对公共福祉的责任，约束了以权谋私。

这三个要素，就是政治秩序的三个制度性支柱。其中国家是权力的化身，而法治与问责制是对统治权力的限制和约束。在明确了"三大支柱"之后，他从远古时代的人类开始，探寻政治秩序的起源和发展。

人类天生就是群居动物，在远古时代的"自然状态"中，群体的秩序就已经存在了，但这种秩序非常简单，群体的规模也很小。那么，人类怎么能够从简单低级的规则秩序发展出大规模群体的高级政治秩序呢？

福山认为，政治秩序的发展逻辑，其实和生物演化差不多，也是一种演化逻辑。演化的逻辑是什么呢？就是物竞天择，适者生存，最适应环境的特征，就最有竞争选择的优势。

但政治演化又和生物演化不同，规则可以人为设计和选择，而生物演化只能靠基因变异，制度的延续不能靠基因来遗传，必须要靠文化来代代相传，虽然也有稳定性，但比生物特性更容易变化。

所以，人类的生物特征在上万年的时间尺度中基本保持不变，而政治制度如果遇到巨大的环境压力，可能在百年甚至十年之内发生明显的变迁。

那么，推动政治制度发展演化的动力是什么呢？这个答案比较复杂，但我化繁就简，归纳为"两种力量"之间的斗争。

一种是福山称为"家族主义"的力量，这是袒护亲友的自然倾向，主要来自亲缘选择的生物本能，就是偏袒与自己基因相近、血缘相亲的人群。家族主义有利于小规模群体的紧密合作，但不利于超出部落层级的复杂社会秩序。

另一种可以叫作"扩展合作"的力量，虽然这不是福山本人使用的概念，但概括了他的见解，就是人类能够突破亲缘关系，展开复杂而有效的社会合作的能力。扩展合作的力量也具有生物本能的基础，包括非血缘的互惠利他本能，以及抽象思维、遵循规则和追求承认的本能等，但这种力量已经超越了简单的生物本能，体现为一种专属人类的文化能力。

定义了这两种力量，我们就可以用一个简单的句子概括福山的思路，政治秩序起源于家族主义，而政治秩序的演化历史，就是家族主义力量与扩展合作力量不断斗争的历史，现代政治秩序的发展，包括国家、法治和问责制政府的诞生，就是扩展合作力量、克服家族主义力量的成就。

明确了三个制度性支柱和两种力量的冲突，我们就把握了福山的基本思路，也就更容易理解这三种现代制度是如何出现的。

在国家建构方面，中国在秦朝建立了人类历史上第一个现代意义的国家。你会问，秦朝不是古代吗？怎么会有现代国家啊？福山说的"现代"不是指时间，而是说国家的类型，他依据的是韦伯的定义。国家是在特定领土上对合法使用暴力的垄断，而现代国家是靠一个非人格化的官僚体制来执政。什么是非人格化？英文叫impersonal，就是不管你的个人特征和关系，只看你是不是能干，是不是胜任工作，其实就是中国人说的任人唯贤。

为什么中国能首先建立一个现代国家制度呢？福山认为是因为战争。战国时期的450多年经历了无数战争，在生死存亡的压力下，国家的征兵、税收、供给以及协调组织的水平越高，就越具有军事优势。而秦国对军事和管理人才的招募突破了家族血缘的边界，从"任人唯亲"转向"任人唯贤"，才能够在公元前221年统一六国，建立了统一的中央集权官僚制国家。

这是在战争环境的压力下，政治制度演化的一个例子，任人唯贤的扩展合作压倒了任人唯亲的家族主义而胜出。当然，家族制在中国历史上有许多次回潮，但扩展合作的制度也在不断发展，形成了科举制这样高级的非个人化管理体制。

西方首先出现的现代制度不是国家，而是法治。福山认为，法治的兴起来源于宗教。在古代，以色列有犹太教，印度有印度教，中东有伊斯兰教，欧洲有基督教，都有宗教律法，但只有在中世纪的欧洲，法治才得到了显著的发展。当时欧洲的世俗政权四分五裂，天主教会发展出独立于世俗政权的、等级化、官僚化的教会制度。这有许多因素，一方面，基督教的教义要求个人献身于教会组织，这本身就具有抗拒家族血缘的倾向。同时，教会赋予女性与男性平等的财产继承权，这原本是为了能获得更多的财产捐赠，促进自身的利益，但在客观效果上瓦解了家族关系的纽带，在教会组织中催生了非人格化管理的法治思想。在这里，可以看到宗教实际上发挥了抵制家族主义的扩展合作力量。

另外，罗马法的复兴也促进了成熟的法律编撰和教育系统。最终，天主教会在欧洲建立了统一的法律秩序和司法体系，等到中世纪之后，欧洲的君主制转变为现代国家制度的时候，就已经有了一个法治制度蓝本，也需要在法治的约束下来发展现代国家制度。

问责制政府首先出现在英国，这多少是"无心插柳"的意外产物，源自英国国王与议会长期的权力斗争。其间经过了1649年的查理一世被砍头，结果是1688—1689年的光荣革命，国王与议会达成了政治妥协，不只是接受了"无代表，不纳税"的要求，还导致了政治合法性观念的改变。哲学家约翰·洛克是这场斗争的参与者和评论者，他提出了政府的合法性源于被统治者的同意，清晰地表达了一种新的政治合法性原则。

光荣革命使得问责制和代议制政府的原则走向制度化，但这还不是民主。因为当时能够向国王问责的只是贵族和新兴资产阶级阶层，在人口中的比例不到10%。但是，英国的新政治原则在美国获得了巨大的反响。"无代表，不纳税"的诉求成为美国独立战争的导火索，而起草《独立宣言》的托马斯·杰弗逊，直接受到洛克思想的启发。要在进入20世纪之后，问责制才发展为所有公民享有投票权的民主制度。

这部书中有大量的历史叙事、跨文明的比较分析和理论阐释。你需要自己去阅读，才能领略其中的精彩和深刻之处。

福山有一个很深的信念，理想的现代政治秩序是要把三大支柱结合起来，达到某种平衡结构。理由很简单，没有权力的国家是软弱无能的，但无所不能的权力是危险的。所以，"三大支柱"的要点就是要在"软弱无能"与"无所不能"之间找到恰当的平衡点，这就是政治秩序的理想目标，也是"丹麦"的象征意义。

可是"到达丹麦"谈何容易啊！伊拉克、阿富汗或者索马里怎么才能变成"丹麦"呢？他们根本不知道。福山在丹麦的一所大学担任访问教授，他发现连丹麦人自己也不知道今天的丹麦是如何造就的。福山断定，当代西方人有一种历史失忆症，忘记了自由民主制度的来龙去脉，所以他决心写这本书的用意也是重建历史记忆的努力。

那么，这部宏大的历史叙事，带给我们最新颖的认知是什么呢？

首先，政治秩序的发展演化并不是直线进步的历史。家族主义的力量很强大，如果没有遇到强有力的抑制，会不断重现，导致家长制的复辟。这就是通向"丹麦"的道路会如此漫长而曲折的重要原因之一。

其次，三种现代政治制度，既不是同时产生的，也并非出现在同一个地方，而且并不起始于我们通常所说的"现代"。读完这本书我们才明白，这部《政治秩序的起源》其实说的是"现代政治秩序的起源"。也就是说，现代国家、现代法治和现代民主的这三种制度，早在17世纪之前就分别发源，有了最初的形态，只是到了19世纪之后，才逐渐在许多国家交汇结合在一起。

三、福山的贡献和局限

最后这部分是一个总结评价，探讨福山的这部书是否能够支持他对政治大问题的整体性思考，就是在开始提到过的——人类政治的发展会殊途同归吗？

在这部书中，福山展示了政治秩序在世界各地发展的丰富多样性，不仅路径是多样的，而且，目前的结果似乎也是多样的。这很容易解释，因为影响政治秩序演化的主要因素有两个，一个是人类的生物性，一个是各地人群所处的环境。具有共同生物性的人类在不同的环境中，当然会做出不同的制度选择。

但这样一来，福山就遇到了一个大麻烦，如果他完美地解释了政治发展的多样性，那就无法解释多样的政治选择如何走向共同或相似的目标，既然不同的民族已经走上了"殊途"，最终又何以能够"同归"呢？

那么，福山如何面对这个明显的自相矛盾呢？

福山早已意识到这个矛盾，并为此埋下了一条论证同归的"暗线"，只有细致的读者才会发现。他在序言中就暗示，"读者可能觉得，这里叙述的漫长历史进程意味着社会就会受困于自己的历史，但实际上，我们今天生活在非常不同且动力多样的环境下"。随后，他在第1章指出，各地的人群在互动，这种互动的重要性与自然环境不相上下。在第27章的结尾，他指出三种制度一旦整合，就会形成一种吸引力，成为"推向全世界的模式"。

这条暗线的论证逻辑是什么呢？人类共同的生物性是个常量，但不同的环境是个变量。因为对政治秩序的演化来说，环境不只是简单的自然地理环境，还包括与外部人群的交往联系，技术文明的发展水平，以及思想观念的作用，这些因素都是变化的，都会作为环境压力对政治秩序的演化发挥影响。

最终，同时具备三种现代制度的国家具有最强的演化竞争优势。丹麦式的理想政治秩序，正如其他美好的事物一样，会被学习和仿效。如果你说环境不同，不可复制照搬，福山可以这样回答说，环境可以改变，其实一直在改变，而且，好的制度只是相似，而不是完全相同，所以并不需要复制照搬。

福山的这条暗线在下卷《政治秩序与政治衰败》中变成了一条明线。他在最后一章总结说，"虽然高质量的民主政府时而供不应求，但对它的要求却与日俱增……这意味着政治发展过程具有一种清晰的方向性，意味着承认公民之平等尊严的可问责的政府具有普遍的感召力"。

但问题是，福山对政治秩序的研究表明，走向民主的道路如此漫长崎岖，而且还会出现逆转，那么我们又何苦寻求民主？如果在三种制度中剔除民主，是否依然可以实现一个成功的国家呢？

福山的回答是否定的。仅仅依靠强大的国家，即使配合一定的法治，也很难实现国家的长治久安。首先，这是因为对民主的要求是现代人的内在要求。现代社会造就了不断壮大的中产阶级，在他们的政治意识中，民主是唯一具有合法性的统治形态。其次，国家能力与民主问责之间并非独立无关。当现代国家的发展达到一定水平之后，缺乏民主参与和问责的制度将引发严重的社会不满和抗拒，最终会侵蚀此前强大的国家能力。

托尔斯泰说，"幸福的家庭都是相似的，不幸的家庭各有各的不幸"。福山对于政治秩序的观点很接近托尔斯泰对家庭的看法，良好的政治秩序都是相似的，不好的政治秩序各有各的缺陷。而且他相信，好的政治秩序会成为人类共同的目标，现存的多样性只是殊途同归的过程。

福山对于人类政治的总体观点未必正确，但他是一个严肃的学者，他并不是因为看到西方赢得了冷战而冲昏头脑，才匆忙抛出了"历史终结论"，他不是机会主义式的"风派"人物。需要注意一个事实，他最初是在1988年应邀在芝加哥大学演讲时提出了这一理论，当时没有谁会相信冷战有可能会很快结束。福山修改后的演讲稿"历史的终结"发表在1989年夏季。几个月之后，东欧发生了政治剧变，又过了两年，苏联解体。于是，福山声名鹊起，甚至被视为"思想先知"。

也就是说，福山是以一种少数派的见解开始了自己的思想生涯。在此后的30年间，世界发生了许多变化，福山的问题意识重心的确发生了转移，他的思想也因此有所发展，他比当初更加重视，也更为深入地理解了政治秩序及其演变的意义。但是，福山从未像许多人误传的那样，放弃或改变了他的基本立场。在西方的民主体制陷入严重困境的时期，他反复重申，历史终结论的根本理念"仍然基本正确"，坚持主张作为政治理念的自由民主制"没有真正的对手"。30年之后，福山回到了他最初少数派的处境。

那么，福山的"殊途同归"的观点错了吗？

当下的现实世界形势对福山很不利，呈现的趋势是分裂而不是汇聚：英国脱欧、美国退守、经济和政治的民族主义勃兴、分离主义、反移民和排外浪潮的汹涌、贸易争端的加剧，以及全球化的衰落。的确，在过去的一个年代，我们见证了历史方向的逆转，分裂与离散开始主导时代潮流，人类的共同目标似乎已经退隐了。

然而，时代的季风并不是历史判断的可靠指南。回到1991年，宣告"自由秩序的最终胜利"也具有至少同样重大、直接而明确的证据：苏联解体，德国统一，欧共体首脑会议通过《欧洲联盟条约》，出狱不久的曼德拉在南非展开寻求和平与和解的政治努力，美国的"沙漠风暴行动"将科威特从伊拉克的侵占中解放出来……时任美国总统老布什随后在国情咨文报告中宣称，1991年发生的这些变化几乎是"圣经尺度"的巨变。

那么，当下的潮流会比当初的潮流更为持久吗？如果当时福山预言的"历史终结"未曾落实，那么此刻断言"自由秩序的终结"就更加可信吗？

无论如何，人类的政治是会永久保持彼此之间的差异，还是会最终走向融合？这个大问题仍然会长期存在，而福山的回应也将会时而兴盛，时而衰落，长久地经受现实的考验。

面对中国模式的历史终结论

有消息说，弗朗西斯·福山最近发生了一次"思想巨变"。据说这位日裔美国政治学家终于被中国的独特发展模式所折服，要重新考虑那个使他声名鹊起的"历史终结论"。消息来源是日本著名政论杂志《中央公论》2009年9月号刊登的福山演讲和对他的访谈（题为《日本要直面中国世纪》），经过中文摘译写成报道，在新华网上发布，已被几百个网站转载。这篇报道文章强调，福山特别肯定了"中国模式"的优越性，认为它会受到更多国家的钟情，并指出，"客观事实证明，西方自由民主可能并非人类历史进化的终点。随着中国崛起，所谓'历史终结论'有待进一步推敲和完善"。

一位竭力宣扬西方自由主义民主最终获胜的明星学者，今天高度肯定中国模式的优越性，这多少让人有些兴奋。但这个好消息似乎来得有些突兀，不免心生疑虑。据我所知，自1989年《国家利益》发表那篇轰动性的文章以来，福山的"历史终结论"曾遭到各种质疑和批评，曾无数次地被人宣告破产，但他本人一直"顽固地"坚持"自由民主与市场经济最终胜利"的基本论题。迟至2007年10月，福山到布朗大学演讲（当时笔者在那里做访问学者），在演讲后的酒会上，我曾问起他：中国发展的事实是否颠覆了他的历史终结论？他未加迟疑地回答说，这大概还要等15～20年才能看得清楚，目前他还是坚持自己的基本判断。甚至到2008年9月，福山在接受美国《新闻周刊》采访时，被问及"历史的终结背后的论题仍然成立吗"，他的答复是"这个基本假设仍然有效……尽管权威主义在俄国和中国复兴，但自由主义民主仍然是被广泛接受的唯一正当的政体形式"，并表示"就长远而言，我仍然相当确信民主体制是唯一可行的体制"。这篇访谈发表时用的标题是《重归"历史的终结"》。难道一年之后，他的思想真的发生了"巨变"？

怀着这样的疑问，我向东京大学的友人王前先生求教。王前先生找来当期的《中央公论》，对福山的演讲做了全文翻译，对访谈的重要内容做了全文翻译，还通过电话与我讨论。我们一致的看法是：那篇在网上广泛流传的报道，对福山的某些言论做了脱离语境的"选择性"编译，也因此产生了某种误导倾向。（比如，在那篇报道中有如下"编译"段落："中国的政治传统和现实模式受到越来越多发展中国家的关注。在印度'民主'模式与中国'权威'模式之间，更多国家钟情中国，前者代表分散和拖沓，后者代表集中和高效。"而福山相关的原话是："看到这些国家和印度那样的民主国家的民主决策过程，很多人赞赏中国的那种权威主义所具备的比较迅速的决策能力。不过，那种权威主义的政体也有其自身的缺陷。"）的确，福山相当重视中国30年来的发展经验，也发现中国政治文明的独特传统及其对亚洲地区现代化发展的深远影响，甚至认为中国模式的特殊性具有重要的研究价值，成为检测其理论的一个重要案例。但是，他至今仍然没有放弃他的一个核心理念：自由主义民主体制之外的现代化模式迟早会面临民主化的压力，会遭遇巨大的困境而难以长期维系。

也许，福山本人是否改变了自己的观点并不是什么重要的问题。更有意义的问题是：今天我们再来讨论（似乎已经过时了的）历史终结论还有没有必要？或者，在什么意义上这个论题或许仍然值得我们认真对待？历史终结论或许是错的，但它可能并不像听上去那么简单和荒谬。

福山可以算是列奥·施特劳斯（Leo Strauss）的隔代弟子，经历的学术训练也相当奇特。他最初就读康奈尔大学古典学系，师从艾伦·布卢姆（Allan Bloom）学习政治哲学，本科毕业后进入耶鲁大学读研究生（主修比较文学专业），曾赴巴黎深造，追随解构派大师雅克·德里达（Jacques Derrida）和罗兰·巴特（Roland Barthes）攻读"先进的"文学理论，结果读得一头雾水。后来他在回忆这段经历时说，"也许在年轻的时候，你会仅仅因为某种学说很难懂，就以为它必定是深刻的，而你没有那种自信去说'这不过是胡言乱语'"。福山在巴黎期间还写过小说，但从未发表。六个月之后，对解构派大师完全幻灭的福山回到美国，放弃了比较文学专业，转到哈佛大学，在曼斯菲尔德和亨廷顿指导下攻读政治学博士。

就学术风格而言，福山的成名作——1989年的文章《历史的终结》以及1992年的著作《历史的终结与最后之人》——在当代美国政治学界是相当罕见的：它是政治哲学、思想史、历史哲学与政治科学的某种"奇异"结合。而历史终结论的出笼也明显有施特劳斯弟子们推波助澜的因素。福山的理论最初成形于1988年（早在柏林墙倒塌之前），当时他应邀去芝加哥大学做这一主题的演讲，而邀请者就是施特劳斯的两位大弟子纳坦·塔科夫（Nathan Tarcov）和布卢姆。布卢姆还参加了1989年《国家利益》杂志对福山的回应笔谈，并在临终前为福山1992年的著作写下热情的"封底赞辞"。1999年，《国家利益》杂志组织了对"历史终结论"再思考的讨论，福山发表《重新考虑》（"Second Thoughts"）一文，表明由于怀疑基因工程技术在"改造人性"方面具有危险的潜力而保留了"历史重新开启"的可能，因此在历史哲学论题上做出了很大让步，但在政治科学的论题上仍然坚持己见。当期杂志还发表了曼斯菲尔德等人"回应福山"的笔谈。

正如塔科夫曾评价的那样，福山作为一个社会科学家和政策研究家，他的知识结构是"相当罕见的结合"。《历史的终结与最后之人》一书实际上包含着两个互为支持的论证：哲学论证与政治（科）学论证。所谓"历史的终结"并不是指实际"历史事件"的终结，而是在历史哲学（普遍历史）的意义上，主张"历史方向的进程"——意识形态的演进到达了其终点：在自由主义民主之外，没有其他系统的意识形态具有真正的竞争可能。这个哲学论题被福山用来支持（或"包装"）他的政治学论题，这是一种"历史进步观"主导下的现代化理论或民主化理论：西方现代的政治经济制度（与现代科学技术相似），虽然发源于西方，但并不是地域性的，而是现代化普遍进程的方向。

但是，福山的历史哲学论题能成立吗？他反复声称自己在历史观上是"一个马克思主义者"，但他用（他所理解的）马克思主义史观来否定马克思主义的结论没有自相矛盾吗？他用黑格尔的德国哲学传统来支持英美式的自由主义是否混淆了"自由"的不同观念？马克思所言的"物质性需求"与黑格尔理解的"承认的欲望"是可以如此方便地嫁接起来,成为他哲学论证的两个支柱吗?他对尼采和科耶夫的理解与运用是准确和正当的吗?所有诸如此类的问题都具有争议,也并不容易澄清(德里达在《马克思的幽灵》中对福山那种迂回纠结的"福音书"批判就是一例)。无论如何,福山的旁征博引以及魔术师般的理论创新能力与他对经典思想家们的可疑援用(或挪用)都同样令人惊讶。只是研究西方思想经典的学者可能会好奇:以"严谨解读经典"著称的施特劳斯派的弟子们为什么会热衷于福山的历史终结论?这里会有什么难以参透的"微言大义"?这可能需要另一篇文章来处理,也并不是本文关切的要点所在。

实际上,福山后来的一系列研究越来越远离政治哲学的论述,越来越接近典型的美国政治科学的规范。换言之,他更为靠近他的另一个导师——亨廷顿,虽然他们之间存在着重要的理论竞争。于是,福山晚近对历史终结论的表述已经脱去了华丽的哲学外衣,基本上还原为(半个世纪前兴起的)现代化理论的一个"升级版"。例如,2007年6月他应今日永存基金会(Long Now Foundation,又译恒今基金会)之邀在旧金山所做的演讲"The End of History Revisited"。他的理论逻辑也因此变得更为明晰,可以(难免有简单化地)概括为三阶段的现代化普遍进程:(1)任何现代化发展都必然需要现代科学技术,这是普遍化进程的基本动力和共同平台;(2)科学技术的效益最大化模式将导致经济结构的普遍化,自由市场经济是效益最优化的经济制度;(3)市场经济的发展和人均收入的提高会导致一系列社会结构和文化价值的变化(包括城市化、产业工人阶级的扩大、教育的普及提高、信息传播渠道的丰富多样、专业阶层的兴起、财产的积累和产权意识增强、市民社会的丰富发展等），这将逐步改变传统的政治文化，产生越来越强烈的公民政治参与要求，也就是民主化的压力。当这种压力超过一定"阈值"，会最终导致政治制度的普遍化——走向自由主义民主体制。

福山还指出，在这三个阶段的普遍化进程中，现代化与现代科技的关联是必然的；现代科技与市场经济的关联不是决定论式的，但仍然相当紧密；而从市场经济到自由民主的递进关系更为松散，也最为复杂（包括本土文化的复杂作用），但还是有很强的内在关联——由于自由民主政体最有能力回应现代化进程中产生的自由与平等的诉求，因此是最具有正当性的政体。福山与亨廷顿的一个分歧在于：亨廷顿倾向于认为民主政治是基督教文化的特定产物（所谓"文明冲突论"的主题之一），而福山则认为现代化本身就具有一种文化塑造力量，最终会在各种文化的特殊性中生成一种共同的政治文化维度。

福山的这个论证能成立吗？在这里，我们回到了西方政治学界的一个经典问题：现代化与民主的关系。从1959年西摩·马丁·李普塞特（Seymour Martin Lipset）提出著名的"社会条件论"到最近十多年来的大量研究，都表明经济发展水平与民主进程之间存在着重要的关联，但同时也发现两者之间的关联是多样和复杂的，对此做出了多种竞争性的理论解释。然而，无论在理论上如何解释，多数政治学家都承认一个重要的经验事实：当一个国家的人均国内生产总值到达一定水平之后，非民主的政体就很难维系，而且民主化转型一旦发生也很难逆转。但这个"一定水平"的指标是多少？最早说是4000美元，后来又说是6000美元（以1992年的美元购买力平价为基准）。对于这个"转型阈值"的确切数值当然还有争议，但可以确认的事实是：目前在全球范围内，人均国内生产总值超过1万美元的国家（除少数石油输出国外）全部都是所谓"自由民主政体"。

实际上，福山的学术底色是"社会科学家"，他对西方民主必胜的信念很大程度上依赖于经验证据。在大约30年前，学术界曾盛行过所谓"东亚例外论"——权威主义政体下的高速现代化发展似乎可以脱离民主化的普遍进程。但后来当韩国人均国内生产总值和台湾地区的地区生产总值达到了6000美元左右，就发生了民主化转型。从福山1997年发表的文章《例外论的幻觉》(*The Illusion of Exceptionalism*)中可以看得出，东亚的转型对他有深刻的影响。而1989年东欧阵营的政治剧变以及1991年苏联的解体，更强化了他"政治发展殊途同归"的信念。后来的"9·11"事件以及南美的查韦斯"红色风暴"，都没有改变他的信念。福山多次指出，民主化进程可能会出现回潮和逆转，也承认这个进程比他最初预想的要更漫长更艰难（近年来他也强调，在没有基本健全的法制条件下发生民主化转型将是危险的），但他仍然相信，"就长远而言"民主政体仍然会在曲折发展中越来越盛行。实际上，他并没有排斥而是吸纳了亨廷顿早年的一个思想："政体能力"问题（国家维护政治秩序和治理的能力）有时比"政体类型"问题（民主还是非民主）更为重要。近年来，福山对民主政体的辩护更侧重于在政体能力方面做出论证。他指出，权威国家并不一定具有更强的治理能力。在论及中国当前出现的腐败与环境污染等问题时，他认为这主要不是由于中央政府的疏忽或缺乏解决问题的意愿，而是其治理能力不足造成的（*Los Angeles Times*. 2008. "China's Powerful Weakness", 29 April）。在他看来，政体能力与政体类型最终将综合为一个论题：当现代化发展达到一定水平之后，民主制度不仅会在政治正当性方面，而且也会在政体能力方面明显优于权威政体，所以才更有吸引力，才是理性的制度选择。在这个意义上，"就长远而言"，自由民主政体具有难以抗拒的优势。

但是，福山反复指称的"长远"到底有多远？无限期的"长远"会使他的理论永远免于经验"证伪"而沦为（卡尔·波普尔界定的）"伪科学"。福山当然明白这个基本的社会科学道理，所以，他多次提及人均国内生产总值达到6000美元（1992年的美元购买力平价）这个"转型阈值"。我们有理由相信：这是检验福山理论之有效性最为明确、最具经验可测性的标准。20年来，福山之所以仍然坚持己见，是因为他的理论还未真正遭遇有意义的"证伪"案例，但他终究要面对一个史无前例的检测——来自中国经验的检测。中国30年来的迅猛发展具有非同寻常的意义，也必将成为历史终结论的一个判决性案例："中国模式"究竟只是一个过渡性的阶段发展模式（一个巨型的"东亚模式"），还是一个最终打破了普遍现代化理论的独特"文明模式"？对此，福山似乎有些犹疑不决。2008年中国的人均国内生产总值已经超过了3000美元（PPP调整后的指标在4000美元左右），而且目前仍然保持着10%左右的年增长率。那么，福山本人完全有可能在其有生之年见证这个检测的结果。

如果说"面对中国模式的历史终结论"是福山的问题，那么我们的问题是"面对历史终结论的中国模式"。如果中国在经济高速发展的同时，能够更加完善自己独特的（不同于西方竞争选举、议会与多党政治以及分权制衡的）社会主义民主，能够建立一个更加繁荣稳定、共同富裕、自由和谐、平等公正的社会，能够发展既承传中国传统文化又汲取世界文化精华的精神文明，那么，中国模式就不是一个过渡期的"转型模式"，而是一个生生不息的"文明模式"（到那时候，历史终结论自然会进入历史博物馆，而福山及其信徒或许也会心悦诚服地向中国致敬。毕竟，在福山的笔下，"最后之人时代"的来临也不是多么值得庆贺的前景）。但在此之前，历史还在展开，竞争仍在继续。对西方自由民主的信奉者来说，历史终结论是一个信念，也是一个赌注；而对中国独特道路的捍卫者来说，它不只是一个论敌，也是一桩尚未了却的心事。

"中学西渐"视野下的中国思想变革

——评论李蕾（Leigh K. Jenco）新著《变法》

在当代学术界，"西方中心主义"已经成为人们熟知的概念。大体来说，西方中心论（欧洲中心论）是指一种思想偏见：将西方的历史视为人类历史发展的高级阶段或者标准模式，将西方的观念、理论以及价值看作优越的和具有普遍有效性的知识。这种偏见或明或暗地长期存在于西方的思想传统之中。一旦人们开始使用"西方中心论"这一概念，就意味着自觉地意识到这种偏见，并开始辨识和揭示这种偏见。实际上，西方学界对"欧洲中心论"的反思由来已久，至少在历史学家汤因比的著作中已有明显的自觉。而从20世纪70年代晚期以来，对西方中心论的批判已经成为国际学术界的"显学"，在文化批评等领域甚至居于主流。

在中国学术界，也有相当多的学者展开对西方中心论的批判，主张中国的思想必须摆脱对西方理论的依附状态。因为"照搬西方理论"在知识论上是一种"语境误置"：将西方的特殊理论错误地上升为普遍有效的理论，再应用于中国特殊的语境与条件之中。这不仅无法对中国经验提供有效的解释，反而削足适履地遮蔽与扭曲了中国的独特经验。其次，它在规范意义上是一种"文化帝国主义"（或文化殖民主义）：将多种异质文明的"空间性"错误地转换为"普遍的"、文明的"时间性"，由此将中国文明置于西方文明（所谓"世界历史"）进程的低级阶段（黑尔格对中国的论述就是一个典型的例子）。这种批判论述得出的一个推论是：中国应该寻找自己的方式来理解自身的历史与现实。于是，建立"中国学派"或寻求"中国自己的学术范式"，成为一个呼之欲出的目标。

摆脱西方中心论是一种重要的思想努力，但其中仍然有许多问题需要进一步辨析。首先，如果对西方中心论的批判本身是当代西方理论的一种潮流，那么中国学人主张的类似批判是否意味着我们仍然在追赶西方的思想潮流？这是否会强化对西方理论的"依附"？由此可见，我们至少要区别所谓盲目的"照搬"与恰当的借鉴。也就是说，抵制西方中心论并不是拒绝一切西方思想，而是立足于自身的处境和问题，以自觉的批判意识来借鉴西方的学术成果（比如后殖民批判理论）。其次，揭露西方中心论将一些具有自身文化特定性的知识"伪装"为普世主义理论，是否意味着所有发源于特定文化传统的知识都只能是特殊的？或者，中国与西方都只能以各自（在文化意义上）"特殊"的知识来解释和判断自身？这暗示着一切知识都只具有相对的有效性，而必须拒绝一切普遍主义理论，但这种文化相对主义的主张并不是处理普遍性与特殊性的恰当方式。任何理论都内在地要求"普遍化"（generalization）的条件。摆脱西方中心论未必要放弃理论的普遍化品格，而是要敏感地意识到，将特殊经验或概念予以"普遍化"的抽象过程需要面对"他者"的经验与概念，这本身构成了"理论化"工作的内在部分。直面和揭示（而不是回避和掩饰）来自他者的挑战，这是应对特殊性与普遍性之间张力的辩证方式。

"向他者学习"是西方学术界反思和批判西方中心论的重要论题之一，而中国作为"他者"的经验和思想日益受到西方学者的重视。当然，西方学术界对中国的研究源远流长，但在现代学科建制中长期处于"汉学"（sinology）或"中国研究"（China Studies）等边缘领域。最近十多年来这种局面逐渐有所改变，越来越多的主流学科开始关注中国。牛津大学出版社今年即将推出一部新书——《变法：中国和西方的跨时空学习》[1]，反映出某种"中学西渐"的新趋势：一些西方学者对中国思想与实践的探讨不再局限于"区域研究"的旨趣，也不只是为了获取特定的经验材料，而是力图发掘其中蕴含的普遍化理论的潜力。

这本书的作者Leigh K. Jenco是个30多岁的美国学者，她长期研读中国思想史，曾在南京和台北学习多年，能够说一口流利的汉语，还取了个大众化的中文名字：李蕾。但她多次强调自己并不是所谓"汉学家"，而是着眼于理论层面的研究。的确，李蕾在西方政治理论界的新生代学者中相当引人注目。她在2007年从芝加哥大学政治学系毕业，其博士论文获得美国政治学学会颁发的"列奥·施特劳斯奖"（政治哲学领域的年度最佳博士论文），曾先后在布朗大学和新加坡国立大学任教，2012年起受聘于伦敦政治经济学院，担任政治理论的副教授。李蕾的大部分学术论文发表在欧美的主流学刊，包

---

[1] Leigh K. Jenco, *Changing Referents: Learning Across Space and Time in China and the West* (Oxford University Press, 2015).

括《美国政治学评论》（*APSR*）、《政治理论》、《思想史学刊》（*JHI*）和《文化批判》等，她的第一部学术专著由剑桥大学出版社在三年前出版，另外有四部编著即将问世。

这样一位出色的青年政治理论家为什么热衷于研究中国思想？这与她的理论关切和抱负有何关联？李蕾的问题意识源自她对当前西方理论的不满。全球化对当代世界的现实处境产生了深刻的影响，原本各不相干的人们（社群与个人）发生了日益紧密的联系，而他们看待世界的方式各不相同，彼此之间不仅存在差异，还时常处在紧张或冲突之中。而西方主流的社会与政治理论往往难以恰当地解释这些差异、紧张与冲突，也无从提供有效的解决方案。这暴露出许多西方理论的偏狭（parochial）特征：它们承诺遵循理论本身的普遍化（generalization）要求，但同时又（往往是不自觉地）屈从于自身特定文化传统的限制，这妨碍了它们达成自我期许的有效普遍性的目标。李蕾主张，西方的政治理论需要通过持久的"去偏狭化"（de-parochializing）的努力，才可能开辟理论突破的新前景，而实现"去偏狭化"的重要方式之一就是更加积极地向"异己的（foreign）他者"学习。

初看起来，李蕾的问题与主张似乎并无新意。"去偏狭化"不过是"去西方中心主义"的另一种说法。"他者"是早已为人所知的关键词，而将"低等的"从属性的他者转变为值得尊重的可资学习借鉴的他者，也是后殖民批判的惯常话语策略。这个批判话语传统，经过三四十年的旺盛繁殖，已经站稳了"政治正确"的意识形态制高点，如今还有多少理论突破的空间可言？思想史上的不少前沿理论，起初有石破天惊的"新意思"，经年累月却耗尽了革新潜力，最终蜕变为

"没意思"的陈词滥调。若要承接这一批判传统,如何避免落入俗套、复苏其思想活力无疑是一个严肃的挑战。

李蕾这一代学者成长于批判西方中心论的学院氛围,熟知这些前沿理论。正是由于更为敏锐的反思意识,她对目前一些自诩"尊重和包容他者"的理论感到不满。无论是后殖民理论,还是近十年来形成的"比较政治理论",虽然都主张批评西方中心论,强调跨文化对话的意义,但还是主要以吸纳(inclusion)或同化(assimilation)的方式对待文化上的他者——将非西方社会的思想和实践作为历史材料或经验证据纳入自己的理论框架和规范,这虽然让原本被排除在外的思想和经验进入了西方的知识生产,但却漠视或否认这些"材料"可能具有的普遍化理论潜力。以这种方式与他者对话,实际上是以西方理论来"驯服"非西方的经验,而并没有转变西方自身既存的知识范畴、逻辑、规范和结构,甚至没有促进对自身知识形态的局限性与可能性更为充分的反省。因此,这些理论倾向于"复制而不是取代",它们所批判的西方中心主义的某些模式,未能触动其顽固的内核。

为突破当前西方理论的偏狭性,李蕾提出一种另类的、更为激进的方式:真正向他者学习意味着"要以他者现在的或曾在历史中实践的那些学术范畴、方法和标准来挑战和规训我们寻求知识的模式本身"。主动以他者来挑战和规训自我,这听上去有些不可思议,这种将自我"他者化"的学习是否近乎"自虐",天下哪里会有如此激进的"学习他者"的例子?李蕾对此的回应是:在中国就曾有过这样的先例,其中蕴含着丰富的理论价值。这也正是她作为政治理论家之所以认真对待中国思想的重要原因。清末民初是中国历史的转型时代,其间思想界的"体用之辩"与"古今中西之争"等重要论辩,对百年来中国现代思想的发展具有深远的影响。李蕾的《变法》考察了从戊戌变法到五四运动的思想辩论，但并不是将其作为思想史的材料，而是从中发掘作为跨文化学习之范例的理论意义。当时的中国思想家在历史的"大变局"之中深入触及了最为困难和复杂的问题：如何在自身历史传统的制约下激进地向文化他者学习？有关"西学"的辩论就此问题是"人类历史上最为持久、最具融合性、最为广泛的和理论意义最为丰富的对话之一"，确立了一种典范。

如果仔细考察从"西学中源说"到"体用之辩"等相关讨论，就可以发现，当时中国的知识分子深刻地介入了历史传统与外来文化之间的复杂关系。即便是所谓"全盘西化"等激进反传统的主张，也并非建基于天真的历史观与文化观。李蕾指出，中国近代思想家们很清楚那种在西方被称作"特殊主义"的知识观念：人类知识总是特定历史与社会的产物。他们也明白传统对文化的塑造力量以及对文化的创新和制约作用：因为"过去"在结构意义上塑造了当下生活的背景条件，因此也限制了我们的思想向"异类形式"转变的可能和程度。而当时的思想论辩中也从不缺乏文化守成主义的声音：我们总是依据自己的传统来感知、认识和接受外来文化的影响。但李蕾发现，当时许多知识分子深切地感到中国处在一种特殊的历史时刻，在此当下与过去的联系失去了以往的确定性，甚至历史传统本身的同一性也变成了问题。这种深切的感受促使他们将关切的焦点转向未来，尤其在新文化运动和五四运动时期，对知识、制度、个人和共同体而言，关键的问题在于"未来要成为什么"，而不是"曾经以及现在是什么"，他们的"目标是未来时代的转变，而不是一个给定的从过去接受下来的遗产"。

在这种未来取向的问题意识中，中国思想家们发现自己实际上同时面对着两种"他者"：历史传统作为时间意义上的他者，以及外来文化作为空间意义的他者。因此，他们既需要参照历史传统来认识西方文化，同时也反过来需要参照西方文化来鉴别历史传统。正是这种"互为参照"的局面和论辩，开启了前所未有的激进学习他者和自我转变的可能，也展现出"变法"的深层意义。所谓"变法"，在字面意义上指的是制度典章的变革，但李蕾认为变法更深的含义是指"改变参照"（changing referents），也就是改变认识与判断所依据的背景框架与尺度。"变法"意味着我们不是以自我原有的参照体系来认识和吸纳他者的思想和经验，而是以他者自身的准则来理解他者，并且可能将他者的参照作为自己参照体系的一部分，由此带来了深刻转变的可能。一个多世纪之前，当中国在追求"富强"过程中遭遇了挫折与失败时，具有改良意识的思想家们致力于面向未来的"西学"（新学），并通过政教体制和文化条件的变革，最终突破了华夏中心主义的制约，实现了中国思想的现代转变。这在方法论意义上为"激进地向他者学习"树立了一个典范。

李蕾认为，中国近现代思想史上的辩论为跨越文化差异的交逢（engagement）创立了崭新的激进路径。中国的范例表明，仅仅吸纳外来思想是不够的，因为吸纳本身错误地假定了他者分享着与我们相同的知识逻辑和结构。无视这种深层的差异而着眼于吸纳，就放弃了他者对我们最深刻的挑战，实际上将会复制既存的自我中心主义。学习他者的激进方式是"改写"这种差异——并不是使之与既有的知识生产活动处于永久的紧张，而是将对这种差异的克服转化为学习和理论创造过程的构成性部分。虽然中国近现代的思想辩论中显现的激进方法并未解决所有对待他者之差异的问题，但中国思想家的创造性在于，将历史的他者与文化的他者都理解为学习和自我转变的资源，以此超越"起点"（起点总是偏狭的），鼓励面向未来的理论创新，从而为应对知识的偏狭主义开启了一种不同的、更为有效的路径。而当代西方理论恰恰缺乏这种激进性，因为过于强调自身传统对理论的制约力量，使得理论发展"不成比例地"依赖自身的地方性文本、经验和观念，这样的理论对把握全球性的现实是不充分的，因而是偏狭的。显然，李蕾根本的理论关切在于如何以中国突破"华夏中心论"的范例为参照，来突破西方中心论的制约，从而推动西方政治理论的"去偏狭化"发展。

　　颇有意味的是，中国学界近年来也在重新回顾和讨论近现代中国的思想变革，主流的论述是强调如何坚持自身的传统，而不是向他者学习，倾向于检讨当时激进反传统的弊端，及其"自我的他者化"的负面教训。而西方学界却有人将这一思想变革标举为学习的范例，这或许应验了那句西谚：汝之敝屣，彼之珍宝。《变法》一书显示出"中学西渐"的新趋向，当然也会受到争议。百年前的中国思想家如此激进地向西方学习，是因为处在内忧外患的巨大压力下，这和今天西方的处境可以同日而语吗？李蕾认为，21世纪的西方思想界也处在一个"大变局"的时代。当前西方的政治理论，对于理解全球化格局中的现实越来越力不从心。在这空前的文化互动与跨文化传播的时刻，西方有必要以更激进的方式向他者学习。李蕾相信，在向他者学习的过程中，寻求超越自我偏狭性的转变和创新，这是所有文化的知识生产摆脱"我族中心论"的必经之路，是一项值得付诸努力的事业，既不像普世论者想象得那么容易，也不像特殊论者想象得那么无望。

在100多年来现代化和全球化的历史进程中，中国受到西方文化和思想的巨大冲击与深刻影响。尤其在现代学术体制建立之后，中国的学术与思想也受到西方中心论的影响。中国知识分子对于丧失自身文化主体性的担忧，以及对另类现代性的追求，都是正当的。但是，摆脱西方中心论的恰当方式并不是以新的"华夏中心论"取而代之。汉娜·阿伦特（Hannah Arendt）曾指出的，将哲学系统或既有价值做一种所谓"头足倒置"式的转换并不具有真正的创新意义，因为这种颠倒在其根本性质上仍然保留了而未真正触动原有的"概念框架"[1]。在我看来，恰当理解的中国文化主体性，接近费孝通先生所说的"文化自觉"："是指生活在一定文化中的人对其文化有自知之明，明白它的来历、形成过程、所具有的特色和它发展的趋向，不带任何文化回归的意思，不是要复旧，同时也不主张全盘西化或全盘他化。"费孝通阐述的"文化自觉"既包含了对他者开放的立场，同时强调了文化自我转变的必要性，获得自知之明"是为了加强对文化转型的自主能力，取得决定适应新环境、新时代文化选择的自主地位"。他也告诫我们，"文化自觉是一个艰巨的过程，首先要认识自己的文化，理解所接触到的多种文化，才有条件在这个正在形成的多元文化的世界里确立自己的位置，经过自主的适应，和其他文化一起，取长补短，共同建立一个有共同认可的基本秩序和一套与各种文

---

[1] Hannah Arendt, *The Human Condition* (Chicago: University of Chicago Press, 1958), p.17.

化能和平共处、各抒所长、联手发展的共处守则"。[1]

就此而言，西方中心论恰恰缺乏费孝通所言的那种自知之明。在智识意义上，其谬误的关键不是在"西方"而是在于"中心主义"。揭示西方中心论的智识偏狭性，并批判和克服由此造成的文化与政治霸权，需要我们反思和批判一切形式的"族群中心主义"（ethnocentrism）。对中国文化主体性的追求应当立足于跨文化的主体间性（transcultural inter-subjectivity），将"自我与他者"理解为一种相互承认的、互为主体的关系，而不是一种支配与服从的关系（主奴关系）。实现文化主体性的理想，也不是通过将他者"客体化"（物化），而是要根本摆脱陈旧的"自我与他者"的主客体关系的模式（这种模式恰恰是西方中心论的遗产），最终寻求在同样具有自主性的文化之间建立平等、尊重和相互学习的关系。

---

[1] 费孝通：《论人类学与文化自觉》，北京：华夏出版社，2004，第188页。

难以驯服的"狐狸"

——纪念以赛亚·伯林辞世二十周年

以赛亚·伯林（Isaiah Berlin）是英国著名的思想史家、政治理论家和公共知识分子。在伯林辞世后的20年间，对其思想及其引发的论题（尤其是自由、多元主义、民族主义与俄罗斯思想家等议题）仍然有持续不断的研究，显示出他持久而卓著的影响力，却也如同其生前那样毁誉交加、颇受争议。伯林在左右两翼都有敬慕者和批判者，有人称他为"自由的圣徒"，赞赏他为自由思想做出了强有力的辩护，也有人将他视为"反启蒙"的同谋，批评他"缺乏勇气"或"宽容过度"；许多人欣赏他雄辩而犀利的写作，也有人鄙夷他时而流露的"自满"和"虚荣"的文风。

伯林的思想是丰富的，也是复杂的，他的演讲和文章才华横溢，带有醒目的个人印记，他的论述旁征博引，充满深刻而睿智的见识，却没有形成完整的理论体系。这似乎印证了他对自己的认识——知道许多小事的"狐狸"，而不是建构大体系的"刺猬"，这也对理解伯林构成了挑战。许多研究者发现，伯林对同一主题时常有多种不同的表述，但彼此之间难以达成清晰而融贯一致的整体论述，有时甚至自相矛盾，以至于可以在他的文章中提取不同的文本证据，来支持截然相反的观点。就此而言，伯林像是一只难以捉摸的（elusive）"狐狸"，而一切"驯服"的企图——试图清晰地重构伯林复杂论述的努力——都可能失之武断，都会以牺牲其丰富性为代价。因此，这篇纪念文章并不企图对伯林的思想遗产做出总体概况，而只是一篇"个人印象"，着眼于伯林对自由问题的论述。

一、两种自由的概念

对自由的论述在伯林思想中具有突出的重要性。他在1958年发表的《两种自由的概念》引起了持久而广泛的讨论，成为20世纪政治哲学领域中影响最大的单篇论文。通过辨析"消极自由"与"积极自由"的概念，伯林试图对"自由"做出更为恰当和特定的界定，限制其过于泛化和庞杂的理解，并揭示对自由的误解、扭曲和滥用在社会与政治生活中造成的危险和灾难。然而，伯林对两种自由的概念区分相当复杂，并不能简单地用消极的"免于"（free from）和积极的"得以"（free to）来确定，这引发了许多不同的阐述和争议。

有人反对两种自由的划分，主张所有自由都兼具消极与积极的面向，都包含着"行动主体"通过克服"障碍"来达成"目标"这三种要素。伯林并不接受这种"三位一体"的自由概念，一个重要的理由是，消极自由未必需要明确的目标这一要素（比如，真正的"自主""做自己的主人"或"自我实现"），可以只要求获得和维持一个相对不受干涉的独立领域、范围或可能性（"可以打开的门"），在其中主体得以如其所愿地做出实际的和潜在的选择。消极自由意味着拥有足够大的自由领域，但主体未必需要实施行动，其目标也未必是明确的。因此，两种自由在行动目标上具有非对称性：积极自由要求明确的肯定性目标，而消极自由可以仅仅以否定性的要求来反对干涉（虽然我还不知道我究竟要什么，但我知道这不是我所要的）。

两种自由都有"行动主体"和需要克服的"障碍"，我们可以针对这两个要素来辨析它们的差异。在积极自由的概念中，主体常常是二元分裂的：一面是"真实的""高级的""理性的"自我，一面是"虚假的""低级的""非理性的"自我。自由不是"屈从"，而是克服低级和非理性的欲望，去实现真正的、高级的或理性的愿望。而在消极自由的概念中，行为者是一个如其所是的"经验自我"（或"现象自我"），自我的愿望或欲求是多样的，彼此之间也可能冲突，但消极自由着眼于实现这些愿望的可能空间，而并不关心"实际的（actual）愿望"在道德或哲学意义上是不是"真正的（real）愿望"。就自由需要免除或摆脱的障碍而言，从积极自由的角度来看，凡是阻碍或限制了"真正愿望"得以实现的一切因素都是自由的障碍，这可以是主体内部（生理和心理）的缺陷，或其本身能力的缺乏，也可以来自外部（自然的和人为的）。强制未必都是自由的障碍，对虚假、低级和非理性的欲望所施加的强制，不仅不是实现自由需要摆脱的障碍，反而有益于实现自由。而对消极自由来说，"障碍"需要满足一些特别限定才称得上对自由构成了障碍。伯林对此做出四项限定：必须是人所面对的外部的而非其内心的障碍；必须是人为（有意或无意）造成的而不是自然或偶然存在的障碍；不必是对主体行动构成了实际的阻碍，只要剥夺或限制了其行动的可能或机会就可算作障碍；被剥夺或严重限制的那些可能性应当是重要的，不仅对行动者的特定偏好而言，而且在其所处的文化社会环境中也被视为重要。

在伯林所限定的消极自由概念中，许多让人感到"不自由"的状态都与消极自由无关。比如，要戒酒，但缺乏坚定的意志力；向往纯洁的宗教生活，但沉溺于声色犬马的诱惑，于是处在内心的冲突和挣扎之中；想要独立行走，但身体有残疾，或者想要成为钢琴家，但缺乏特殊的音乐才能。这些障碍都阻碍了我实现自己的愿望，但没有满足"外部性限定"。我要出门散步，但正好遇到大暴雨；我想要和恋人随时相聚，但我们身处两地，远隔千山万水；我想要周游世界，但却没有足够的财富。这些障碍虽然是外部的，却不是"人为"制造的结果。当然，所有这些不利因素都会妨碍我们追求美好的生活，或对我们造成严重的挫折，我们甚至会在日常语言中用"不自由"来形容这些挫折的处境。伯林从未否认这些问题的重要性和真实性，但除非这些障碍是外在的和人为造成的，在他看来，就都不是与自由，尤其不是与政治自由相关的问题。

人类生活会面对各种各样的挫折，但将所有这些不可欲的挫折状态都视为"不自由"或"缺乏自由"，则会在概念上导致笼统化的混乱。这既无益于我们理解何为自由，也无法帮助我们克服这些挫折。缺乏自由只是各种各样不可欲状态中的一种，它并不是唯一的（有时也不是最重要的）挫折。而只有当我们澄清了自由（尤其是政治自由）的特定含义，我们才可能理解争取自由意味着什么，也才能更有效地追求自由。

二、自由的扭曲与滥用

伯林对两种自由的概念解说相当复杂，而更令人迷惑的是伯林对两种自由的价值评断，他似乎表达了两种难以自洽的观点：一方面明确主张消极自由与积极自由是两种同等有效和同等正当的终极价值，一方面又明显流露出偏爱消极自由的立场，认为应当以消极自由的概念来理解自由。伯林陷入了自相矛盾吗？在我看来，这反映出伯林对于理论与实践之间张力的特定思考方式以及他的经验主义取向。

伯林认为，积极自由与消极自由都有其"确真"（trust）形态，就理论逻辑而言，两种自由在原则上没有高低之分，都是人类生活追求的真实价值，这与他信奉的价值多元主义相一致。但两种自由都可能被扭曲，偏离其"确真形态"，因此也都可能被滥用。伯林敏锐地发现，两种自由在历史实践中导致了相当不同的后果，积极自由的扭曲更具有欺骗性，其滥用造成的后果也更具灾难性，因此，就实践逻辑而言，我们更需要警惕积极自由的危险。

然而，伯林从未否认消极自由在实践中被滥用的大量事实，尤其在经济领域内，可能造成了严重的非人道状况。他在最初的演讲中没有对此多着笔墨，只是由于他"原以为"这一切早已为人所共知："我原以为，今天已经不必去强调经济个体主义与无约束的资本主义竞争的那些血淋淋的故事。……我原本假定，对于在无拘束的经济个体主义支配下个人自由的命运，都已经被关切这一主题的几乎所有严肃的现代论者说得足够多了。"但无论前人的批判是否充分，伯林自己必须为此"补刀"，否则便涉嫌为消极自由做"空洞的背书"。于是，伯林在《自由四论》新版的导论中以相当的篇幅历数消极自由的局限性以及对它的滥用可能带来各种弊端，主要包括三个方面。

首先，"信奉消极自由兼容于各种严重与持久的社会之恶"。倡导不干涉的自由曾被用来支持各种弱肉强食的"在政治和生活意义上具有毁灭性的政策"。因此，伯林与他的"思想盟友"哈耶克不同，在社会经济政策上倾向于社会民主主义。他相信，我们有"压倒性的强有力的理由来支持国家或其他有效机构的干预，以便保障个体（获得）积极自由以及至少最低限度之消极自由的条件"。他甚至认为，"出于对消极自由主张的考虑"也可以有效地支持"社会立法和规划，福利国家和社会主义"。在伯林看来，"过度的控制与干涉"和"不受控制的'市场'经济"都是危险的，分别与两种自由概念各自的堕落形态有关。但在特定的历史时期，某一种危险更值得关注。

其次，消极自由并不总是"每个人的第一需要"。伯林在最初的演讲中已经指出，"对于衣不遮体、目不识丁、处于饥饿与疾病之中的人们，提供政治权利或保护他们不受国家的干涉，等于是在嘲笑他们的处境。在他们能够理解、运用和增进他们的自由之前，需要的是医疗救助或教育"。在后来的导论中他再次重申，对这些穷苦和弱势者而言，"享有如其所愿地花钱或选择教育的法律权利"变成一种"可恶的嘲讽"。如果无法对个人或群体提供行使消极自由的最低条件，那么消极自由"对那些或许在理论上拥有它的人来说，便没有多少价值或毫无价值"。这在伯林看来是如此显而易见，以至于原本以为不必老调重弹。

最后，伯林还提到了与托克维尔类似的忧患：消极自由的滥用有可能会危及自由权利本身，最终危及民主制度。他感到自己有必要"更为明确"地指出，"无约束的自由放任（unrestricted laissez-faire)的恶，以及允许和鼓励这种恶的社会和法律体制，导致了粗暴违背'消极'自由——违背各种基本人权（这总是一个消极概念，一道抵御压迫者的墙），包括自由表达和结社的权利，而没有这些权利，或许还能存在正义和友爱，甚至某种幸福，但不会存在民主"。

既然消极自由也有如此严重的局限，为什么智慧敏锐的伯林会偏爱这样一个似乎问题重重的消极概念？他指出，积极自由"可以被转变成它的对立面，却仍然能利用与其纯真起源有关的有利联系"。也就是说，积极自由可以在被完全颠倒的同时仍然保有"自由"的纯真名号，并继续以自由之名犯罪行恶。在伯林生活的20世纪，"积极自由的观念确实发生了变态，而走向其反面——对权威的尊崇神化，这长久以来已经成为我们这个时代最为熟悉、最具压制性的现象之一"。相比之下，消极自由造成的危害较为明显，容易被人识破，"无论其各种放纵形态的后果多么具有灾难性，在历史上却未曾像其对应的'积极'观念那样，如此经常或有效地被它的理论家们扭曲，变成如此晦暗的形而上学之物，或如此社会性的险恶之物，或如此远离其原初意义的东西"。因此，伯林将批判的主要篇幅和着力点置于积极自由的扭曲和滥用。

三、自由的原初意义

在伯林的视野中，政治理论需要概念的抽象化建构，这总是蕴含着风险。正当的理论建构基于人类的生活经验，通过概念化的抽象能够更为有效地理解和解释经验世界。而不正当的理论建构，虽然可能源自人类经验，却最终在不恰当的抽象化过程中背离或扭曲了经验世界。伯林的经验主义取向奠定了其自由论述的基调，塑造了他的一个核心问题意识，就是试图让自由的概念"落地"——最大限度地贴近人们的日常生活经验。"自由"这个名词被用来表达如此多样的（个人或群体的）状态、愿望和理想，什么才是它最恰当的含义和用法？

自由当然可能（实际上已经）被用来表达其他的经验或价值（"自我主导""解放"或"道德胜利"等），而且并非没有其理据。但伯林坚持认为，在自由的家族概念群所指涉的种种人类经验中，他所界定的消极自由对应了最基本（低位）、最切近、最直接相关的自由经验，这就是伯林所谓"自由的更加基本的意思，以及胜利的更加日常的意思"，区别于"精神的自由"（如"道德的胜利"）。在伯林看来，存在着一种普遍、深刻、强烈而朴素的人类体验：强制，其极端形式就是奴役，这是一种跨文化和跨历史的普遍经验，是不可化约的人类苦难。而与此共生的反对强制（"我不愿意！"或"不要强迫我！"）的愿望，也普遍存在于所有年代和所有文化中的人类经验。因此，摆脱强制在描述意义上是一种真切和原初的人性愿望，在规范意义上，它直接关涉个人尊严的底线价值。如果需要为它命名（做概念化的表达），那么将"自由"这个词留给这种经验和价值是最为恰当贴切的："自由的根本意义是摆脱枷锁、摆脱囚禁、摆脱他人奴役的自由。其余都是这个意义的延伸，如若不然，则是某种隐喻。"

伯林认为，自由不能被界定为"任何一种挫折的缺乏，这会让这个词的意义膨胀起来，直到最后它的含义不是太多就是太少"。将摆脱强制作为自由的原初经验,并以此为基础,将自由(以否定性的方式)界定为"外部人为干涉或强制的缺乏",就赋予自由明确而特定的意义。这将有益于避免概念笼统化所造成的理论混乱,同时也有助于在实践中辨识"假自由之名,行反自由之实"和伪装欺骗。

伯林当然承认,在某些特定的情况下,强制可能是必要的,消极自由可能需要(或应当)向其他价值让步,甚至做出牺牲。但是他反复揭露并严厉抵制一种似是而非的修辞术或者一种"概念魔术"——能够将牺牲"转译为"所谓"更高的实现"。他要强调的是,如果当自由必须被牺牲,我们就应该说"这是牺牲了自由"换取了安全、秩序或别的什么。必要的牺牲仍然是牺牲,而不能被误作或谎称为获得了"更高的自由"。如果一个人因为幼稚、蒙昧或困于非理性的冲动之中,必须通过强制才能使他免于灾难,那么我们就应该说,这是为了他自己的利益而对他实施了强制。但正当的强制也依然是强制,而不能被曲解为"顺应了他真正的意愿"——这是他内心"真正的"(虽然未被他自己意识到的)意愿,并进一步将此曲解为他"在本质上"没有受到强制,因此,"在本质上"就是自由的。诸如此类的修辞术(在最极端的扭曲情况下)甚至可以将强暴"阐释"为满足了受害者最深层而隐秘的愿望。

伯林看到,20世纪的政治历史中,最为触目惊心的一幕就是以自由为名实施强制,并将强制的结果宣称为"实现真正的自由"。这些政治灾难在理论上源自种种背离经验世界的自由概念以及对自由概念的扭曲和操纵,这正是伯林深恶痛绝的"概念的魔术或戏法"。积极自由的概念更容易陷入这种不幸的命运,很大程度上是因为它比消极自由的概念离经验世界更远。去除这些魔术或戏法的魔力,正是伯林执意要以消极的方式来界定自由的用意之一。在这个意义上，人们对于伯林"支持消极自由，反对积极自由"的普遍印象，虽然不够确切，但并不是"流行的误解"。

当然，消极自由并不是人们追求的唯一价值，在许多情况下也不是最优先的价值。一个人获得了摆脱强制的自由，未必就拥有幸福的人生。但缺乏这个价值，他的生活总是在某种重要的意义上是残缺的，因为他处在"不愿意"的境遇之中。无论外人的强制有多少正当或伪装的理由，"自己是否愿意"对他的生活仍然足具分量。虽然在许多情况下，这种自由的价值需要或不得不与其他价值做权衡与妥协，但自由的分量仍然不可抹去。无论是谁，无论出于何等高尚的动机，要根本抹去这个价值的分量，那就是"对如下真理的犯罪：他是一个人，一个要过他自己生活的存在者"。伯林很清楚，这种真理基于一种个人主义的观念，当然会备受争议。然而，"每一次对公民自由与个人权利的呼吁，每一次反对剥夺和羞辱、反对公共权威的侵蚀，或者反对习惯或组织化的宣传给大众催眠的抗议，全部起源于这种个人主义的且备受争议的人的观念"。在伯林心目中，个人的自我意愿如此之重要，以至于因为尊重它所可能造成的错误（在通常的情况下）远远不及违背它所造成的恶果严重。

结语：怀疑论的启蒙思想家

在伯林逝世20年之后的今天，我们何以评价他的思想遗产？在我看来，伯林是20世纪西方思想界的"麻烦制造者"，这可能是他最为重要，也最为独特的思想贡献。伯林在对思想史的深刻领悟与他敏锐的现实感之间形成了一种罕见的综合，使他得以发现启蒙现代性的复杂性与内在矛盾。他肯认启蒙与自由主义的理念，主张人类生活共享一些最低的基本价值，由此区分价值多元主义与相对主义。他信奉"人是自由主体"，否则人类的道德生活将不复存在。伯林对自由选择必要性的坚持，对宽容精神的强调，以及主张以审慎的实践理性而不是教条或任意专断来应对多元主义世界的复杂冲突，都来自启蒙思想传统。但同时伯林又被浪漫主义思想家所吸引，极为警觉一元论与历史目的论的倾向，对启蒙理性主义思想及其实践提出了尖锐的质疑。可以说，伯林既是启蒙传统的继承者，又是一个启蒙主义的批判者。这种无法"驯服"的内在紧张反映了启蒙传统自身的复杂性。

令人惊叹的是，伯林内在的思想张力从未使他在复杂的现实政治陷入茫然失措。因为他比同代人更早就放弃了我们今天称为"基础主义哲学"的幻想，面对现实意味着面对原则上无法根除的多元冲突，这要求我们弃绝一劳永逸的教条主义解决方案，总是保持对具体情景的敏感，积极介入道德与政治生活中不断冲突与调和的艰难实践。伯林曾引用了熊彼特的话说："认识到一个人信念的相对有效性，而又毫不妥协地坚持这些信念，是一个文明人与野蛮人的区别。"有人反驳说，以这个标准看"柏拉图与康德都是野蛮人"。然而，野蛮的不是柏拉图与康德，而是他们某些阐释者野蛮地低估了他们秉持的苏格拉底式的哲学谦虚。在伯林看来，既坚持信念又自我怀疑的精神，才是道德与政治意义上的文明，也才是哲学上的心智成熟。的确，在20世纪的西方思想界，伯林不只与众不同，他是独一无二的。

价值认同的困境与可能

我们是谁?无数的"我"何以形成"我们"?这是社会的身份认同问题,是民族国家的文化认同问题,也是现代多元社会的政治整合问题。

美国政治学家塞缪尔·亨廷顿在2005年5月出版了一部新著——《谁是美国人?》,触及了美国在认同问题上的困惑与迷失。亨廷顿所关注的是美国的移民问题,主要是大量来自南美的西班牙裔移民。在他看来,由于这些移民与故国具有很强的文化纽带,难以汇入美国的"大熔炉",使美国日益分化为两种文化、两种语言和两个民族,以至于美国对"谁是美国人"这一民族认同问题构成了严峻的挑战。亨廷顿自己的主张很明确,美国文化的核心就是英国新教徒的价值观念,这种文化包括职业道德规范和个人主义、英国的语言、法律制度、社会制度和习俗。亨廷顿的新论点受到了广泛的关注与评论。有人赞赏他不顾"政治正确"教条的威胁,公然讨论商界和政界出于自身利益而不敢触及的问题。有人指出他将盎格鲁-新教主义(Anglo-Protestantism)作为美国正统文化代表的偏颇与狭隘之处。也有评论认为，亨廷顿的观点表明了他自己对美国文化固有的包容与宽容能力缺乏信心。还有一些更为激烈的批评，认为这是一种"戴着面具的种族主义"论调。但无论如何褒贬，这位老派政治学家的确提出了一个真实的问题。一个民族国家是不是要维系一个明确的文化传统？要不要坚持一套核心的价值理念？或者说，放任激进的多元主义是不是一种知性与政治的迷失？

对中国人来说，"谁是美国人"当然是一个"他们"的问题，似乎用不着我们去杞人忧天。但同样的问题却也是我们可以用来反身自问的。当代中国人集体认同的依据是什么？我们能够共享的核心价值是什么？虽然中国没有大量外来移民的问题，也不存在汉语分裂的危机。但是，价值多元的现代性困境也并非与当下的中国完全无关。与千年传统文化的断裂，生活方式的日益多样化，急剧的社会分层造成的严重利益分化，这些都是我们当下面对的事实。在十多年来的公共思想论述中，无论是自由主义的言说、"新左派"的批判话语，还是以"读经"运动为象征的文化保守主义呼声，都标志着当代社会价值取向的某种分裂。虽然各种不同的主张都暗含着某种重建价值共识的努力，但彼此之间很少有深入的卓有成效的对话，更不用说共识的达成。在大众传媒的讨论中，几乎对任何一个公共性问题都会出现相当严重的分歧。而互联网上的争议更为激烈，对所有重大的公共问题几乎都会形成正反两方的对立意见，而论辩的结果常常是以互相指责甚至人身攻击而告终，似乎谁也没有从中获得什么启示和教益，谁也不可能改变自己也无法改变对方。

生活在一个充满分歧和争议的世界中，我们真的知道"我们是谁"吗？我们是否也面临着价值认同的危机？

对共同价值认同的诉求在许多人看来是一种前现代的"落后"观念。我们许多人都同意，一个健康的社会应当有多种不同的声音，应当有多元化的个人价值取向与生活方式。这个观念在以赛亚·伯林的著作中得到了十分有力的肯定。伯林在对20世纪人类政治悲剧的诊断中得出一个结论：铲除多元与异议来寻求价值的和谐统一，无论以任何崇高的名义，都将导致巨大的灾难。这当然是一个极富洞见的论述，至今仍然具有其警策意义。但是，问题还有另一面。正如政治哲学家罗纳德·德沃金（Ronald Dworkin）在分析"伯林的遗产"时所指出的那样，"危险是两面的"：暴政的确会诉诸那种将所有道德与政治价值整合一统的理念而使其暴行正当化，但一种相反的理念，即认为重要的政治价值都必将相互冲突，也同样会用来为道德罪行辩解。在后一种理念中，因为相信价值的冲突是无可避免的，我们无法在多元冲突中做出任何一种正确的价值选择，因此任何一种选择都意味着某种牺牲，都意味着我们无可避免地要放弃某种我们珍视的价值。在无法兼顾的情况下，如果选择自由的价值就必须牺牲平等的价值，如果选择宽容就必须牺牲秩序，如果选择了"不惜一切代价维护祖国统一"就必须牺牲"稳定是压倒一切的"。德沃金认为，这种极端的价值冲突论会导致"牺牲的不可避免论"，同样会带来道德与政治的危险。

公共决策的正当性需要避免武断地牺牲某种价值，虽然投票表决的民主方式是公共决策的形式正当依据，然而它仍然可能是武断的，有时甚至是灾难性的。如果我们承认，政治行动的正当性依赖于最基本的社会共识，而达成共识的方式不应当以压制异端为前提，也不可能仅仅以利益层面上谈判与妥协为保障，那么"我们是谁"的问题，以共同肯认核心价值来确立集体认同的问题，仍然是一个真实的文化与政治问题。

十多年来，西方思想界对于多元条件下的政治认同与公民文化的讨论颇为热烈，但并没有获得确定性的结论，而且许多富有启示的见解也未必能直接挪用于中国的现实。伯林根据他对价值多元主义的认知得出了"消极自由"优先的判断。但许多当代评论者认为，这一推断在哲学上是草率的。如果所有的价值都"无法通约"，且不可兼容，那么为什么不能是平等优先、秩序优先、团结优先，而一定要以自由优先？最有影响的方案来自约翰·罗尔斯（John Rawls），他从《正义论》到《政治自由主义》的论述中，试图给出一个可行的出路，将私人领域中的"善"与公共领域中基本的政治价值划分开来，得出了"自由而平等的权利"优先的政治自由主义，从而"回避"了在整全性价值之间做出选择的困境。但罗尔斯的"回避法"所遭遇的最强烈的批评是，政治领域的基本价值无法脱离完整的善的观念，价值冲突不可能以政治哲学的方式获得程序性解决。在最好的情况下，正如罗尔斯自己后来承认的那样，他的工作是对具有自由民主传统的社会所实践的政治安排做出了正当性说明。这是对现存政治历史经验的一种哲学说明，而不是普适的演绎性论证。也就是说，在其他具有不同价值传统的社会，我们是否能够达成"作为公平的正义"这样的"重叠共识"仍然不得而知。

没有任何先知或者思想天才能够对当下中国的价值认同危机给出一个灵丹妙药般的解决方案。中国在近代经历了"千年未有之变局"以后，探索和尝试了许多不同的方式，依据不同的价值与意识形态资源来获得文化与政治的集体认同，但都遭遇各自的困境和正当性危机。在这个意义上，一百多年的中国历史是一个漫长的"转型时期"。建设一个具有政治文明的和谐社会，并以此为基础追求中华民族的伟大复兴是一个富有感召力的目标，这需要中国人以自己的集体智慧来实践，也值得我们付出执着的努力。这种努力如果要获得建设性的成就，也许首先要改变某种固执的先见，放弃永远是"我对你错"的偏见与积习。

近些年来，鼓舞人心的事件是连战和宋楚瑜先后应邀跨越海峡来大陆访问，打开了海峡两岸重新对话和再建共识的通道，为和平统一开启了新的政治空间。如果这一进程得以富有成效地继续展开，我们就有可能避免在"不惜一切代价维护祖国统一"与"稳定是压倒一切的"之间做悲剧性的选择。类似的，对我们来说，"商议民主"或者说"社会交往伦理"的意义不是来自哈贝马斯的理论乌托邦价值，而是在于我们共同感受的对于集体价值认同的需求压力。虽然价值的分歧是当下显见的现实，但这并不意味着每个人自我信奉与主张的一套价值都毫无更改的空间，其优先性的次序及其实现的程度都一劳永逸地被凝固下来，并不意味着价值的冲突总是无可避免地要导致悲剧性的牺牲。虽然没有普适有效的公式程序可循，但社会实践以及具体的问题语境依然具有许多开放的空间。如果某些悲剧最终仍然发生，那也只有在我们穷尽了商谈与对话的可能之后，才可以被称作"不可避免"的。

"另类道路"的诱惑

德国现代性的问题非常复杂，西方和中国学界已经有不少人在研究，但许多论述是在德国历史或思想传统抽出某一个方面某一条线索，加以强化，用来做整体解释。比如德国民族主义的特殊性，所谓"文化的诱惑"，历史主义的思潮，虚无主义的问题，政治神学的问题等。这些因素以单独的线索或主题构成问题意识，看上去重点突出，却有"事后明智"的自圆其说之嫌。

单世联三卷本的《中国现代性与德意志文化》几乎是一种"全景式"考察，视野包括了民族历史和国家建构、思想文化、现代化模式、各种政治派别的对垒斗争、经济和工业技术以及一些历史偶然因素等问题。处理那么多复杂的层面，总需要一些概念工具。作者的问题意识很敏锐，紧紧抓住德国现代发展的独特道路问题，而且有很强的中国问题意识。

这部著作引人注目之处，是将德国问题与中国问题明确关联起来。这里所谓"中国问题意识"是什么呢？大概可以称作"另类道路的诱惑"。德国的现代化道路和日本有相似之处，它们都是后发现代化国家，都有一段迅速崛起的辉煌业绩，而且都对主流的现代性模式高度不满。很自然，就会有一种冲动，另辟蹊径。这里有一种对创造性和独特性的渴望，形成一种巨大诱惑。这种愿望本身并没有什么问题，甚至值得钦佩，但是这种诱惑也蕴含着危险。实际上，每个国家的发展都是既有独特性又有相似性。如何把握另类道路与主流模式的关系？没有对这种关系的深刻把握，义无反顾地追求独特性，可能是一场灾难。德国的"反西方"走向纳粹的歧途，日本要超克现代性，但最终被现代性所超克，应该留给我们什么经验教训？特别是在当下的讨论中，有一些论说和20世纪初德国和日本的另类道路主张惊人相似。在这个意义上，这部著作提供了一种警示。

对现代性的理解有不同方式。一种是说，存在某些现代性的标准（比如政教分离、法治、工业化、市场经济、政治民主、福利国家、市民社会等），围绕着这些标准，形成各种在原则上大致相似的发展道路。在这种理解中，只要是致力于现代发展的国家，总是要多少符合这些标准，因此会大同小异。另一种理解现代性的方式，是把现代性本身看作具有自我紧张和内在矛盾的运动，现代性内部一直有无法自我克服的困境与危机，比如个人自主性的高扬和个人权利的神圣化与道德责任之间的紧张，自利的消费者与政治公民的关系，自由与平等的冲突，政治认同与多元价值的矛盾等。在后者的理解中，现代性的发展会伴随着对其自身的一些基本原则和规范的挑战与叛逆，也伴随着不断的应对和克服。于是，摆脱那种据说是普遍的标准版本的现代性模式，也必定是现代性发展的一个内在组成。那么，德国道路和日本道路的感召力会始终不断地重现。特别是在所谓主流模式发生问题时（比如这几年的金融危机），这种另类道路的诱惑会更加强烈。

　　作者不只是针对德国历史和思想的分析，而且主要是德国模式在中国的接受史、效果史或者说影响史。他特别指出，在中国近代以来的发展中，德国始终是重要的参照。德国有这么多卓越的思想家、文学家和艺术家，有那么灿烂的文化，又在近代历史上有过辉煌的崛起。但后来，德国出现了纳粹的灾难，参照的意义就发生了变化。作者实际上是邀请读者思考：我们从德国的教训中应当学到什么？纳粹的极权主义究竟是现代性的悲剧，还是所谓"反西方"的灾难？现代性自身有没有能力来驯服那种权力意志？关键的问题在于应该如何理解纳粹德国的兴起。按照作者的阐述，魏玛时代本来有走向西方现代性的可能，但是被纳粹中断了。直到战后，甚至到了20世纪90年代德国统一，才真正回到了欧洲。这就是说，纳粹是德国发展中的一个歧途。问题是这个歧途是怎么发生的？因为有人会争辩说，纳粹就是魏玛的直接后果，正是因为魏玛不顾德国国情的特殊性，急切模仿英国和法国，才导致了纳粹。作者反对这种观点，他是将纳粹的兴起阐释为对魏玛理想的背叛或放弃，是一种不智的冲动和蛊惑的结果。这涉及一个重要辩论。如果魏玛的错误，是无视德国特殊性、急于模仿西方现代性的错误，那么我们获得的教训就是，要警惕西方模式，走一条独特的发展道路。作者论旨清楚，并未否定每个国家的特殊传统和发展条件，但他质疑激进的另类现代性方案。他的论述有相当强的理据。但也许可以更深地介入与各种对立观点的辩论。对立的观点在中外学界都有，有些还很强大。

　　一种思想和抱负，转变为社会实践并不是直接的，而是需要一些关联环节。伟大的、卓越的、富有想象力的思想，在历史实践中会有不同的后果，有些会成为悲剧。纳粹德国的悲剧就是典型范例。但悲剧的因素，在思想源头的理念形态中往往是隐蔽的、难以辨认的。在纳粹上台前，德国就有了对"另类道路"的构想，这本来是解救德国问题的药方，最后却成了一服毒药。它到底是解药还是毒药，在最初可能是难以辨识的。问题的复杂性就在这里。一种药，它本身可能既是解药又是毒药。德里达在他著名的《柏拉图的药》一文中说的就是这个意思。"另类道路的诱惑"本身就包含着危险，但未必注定是毒药，相当大程度上取决于从理念走向实践的许多复杂环节。作者对于思想观念和具体实践的论述相当充分，但对两者之间关联环节的把握相对单薄一些。这种关联环节本身也包含许多理念，更为具体地指向制度和政策层面。

严肃处理现代历史的教训，需要认识到现代性的内在紧张。哈贝马斯在战后对德国问题以及对整个现代性的思考，都切入现代性内部的复杂性，充分注意到启蒙传统的自我紧张、现代性与反现代性的辩证关系。只要这种紧张是现代性的内在属性，德国道路的诱惑就不会终结。黑格尔说，重大历史事件会出现两次；马克思补充说，第一次是悲剧，第二次是闹剧。这部著作激发的思考，以及我们的思想努力，就是要力争摆脱一种闹剧的命运。

《革命之路》中的爱欲与政治

"浪漫主义"一词既可以用来描述感情生活，也可以用来形容政治运动，同样十分贴切。因为两性关系与政治生活具有一种高度的结构相似：两者都始于某种人生理想，都会有制度性的"常规状态"（婚姻和政体），也都内在地蕴含着革命的潜力——或出于对苦难不公的抗争，或出于对平庸无聊的反叛——走向颠覆制度的"反常规状态"（解体与变革）。而电影《革命之路》（*Revolutionary Road*）正是蕴含了这双重意义，它是一个关于婚姻生活的故事，但同时意味深长地指涉政治。这部作品也因此而耐人寻味。

当然，仅仅出于片名的"象征性暗示"就去执意探寻其政治含义，会有"过度阐释"之嫌。但原作者的一段告白明确无误地支持这种阐释。这部电影根据理查德·耶茨（Richard Yates）1961年发表的同名小说改编。耶茨在1972年的一次访谈中吐露了他的政治意旨：这部小说"更多的是作为对20世纪50年代美国生活的一种指控。因为在50年代，整个国家存在着一种对遵从性（conformity）的普遍欲求，即盲目地、不惜一切代价地拼命依附于安稳与保障……这一切困扰着很多美国人,他们感到这是对我们最好的和最勇敢的革命精神的彻底背叛。而主人公爱普尔·惠勒(April Wheeler)身上所体现的正是这种精神。我用这个书名的意思就是要表明,1776年的革命之路已经在50年代走入绝境"。或许,只有从"革命精神"之生死的角度来解读,才能领会作品的寓意。

在美国东部的小镇上,有一条名为"革命"的郊区小路。住在"革命路"上的惠勒一家几乎是20世纪50年代"美国梦"的缩影:丈夫弗兰克在纽约一家大公司拥有稳定的工作,妻子爱普尔做家庭主妇,照看两个孩子,时而参加业余戏剧演出。一家四口享受着衣食无忧的中产阶级生活。但是,这个标准的幸福生活却潜伏着危机:日复一日的常规生活吞噬了夫妇间曾经的激情,而他们最初的钟情恰恰是发现彼此"与众不同的激情"。在妻子的动议下,丈夫应和着,两人筹划了一个家庭"革命"计划——抛弃眼前的一切,辞去工作,卖掉房子,全家到巴黎去,开始全新的生活!他们为这个计划激动,此后的日子浸润在梦想的光泽之中。同事和邻居在惊讶中赞叹他们的勇气,背地里却怀疑他们的冒险"太不现实",而这种怀疑更像是在竭力回避触碰自己甘于平庸的懦弱。只有一个从精神病医院出来的疯子数学家由衷地为他们的"巴黎革命计划"叫好。然而,革命阵营不久就分裂了。丈夫是摇摆的机会主义者。在一个难得的晋升机会来临之际,他退缩了,开始向他曾强烈抨击的现实妥协,并试图用各种托词劝说妻子放弃革命——"巴黎"太过冒险,而且未见得比这里好多少。最终,"巴黎"成为妻子一个人的梦想,一个狂热革命者的孤独希望。夫妇之间开始争吵,面目狰狞、情绪癫狂。最后一个清晨平静得出奇，但这是绝望的预兆，而绝望正是死亡的前奏……

一场流血的夭折的革命，这是婚姻的悲剧，也象征着政治的悲剧。在影片中，"巴黎"正是浪漫主义革命的意象。的确，没有什么地方会比"巴黎"更胜任这个象征符号了。这个浪漫之爱与激进政治的圣地，是激情与灵感的不竭源泉，是梦想者的精神故乡，是"生活在别处"的寄托。但同时，巴黎也可能是蛊惑人心的幻影，是"左翼幼稚病"的幻觉，是乌托邦引导的一场噩梦。一个人对于"巴黎"的态度就是其（对爱情与政治）立场的最终检验。导演萨姆·门德斯（Sam Mendes）明确站在"巴黎"这一边。电影对女主人公爱普尔·惠勒倾注了巨大的同情，她反抗平庸的勇敢和不可抑制的激情，散发着夺目的生命光彩，她的悲剧命运也令人动容叹息。问题是，我们每个人如何面对心中的"巴黎"？我们的"革命之路"究竟通向哪里？

也许，悲剧并不是注定的。令人遐想的是故事的另一种可能的走向：假如弗兰克·惠勒并没有得到那个晋升机会，或者，假如他面对"体制的诱惑"没有动摇，最终和妻子一起踏上奔赴巴黎的革命之路，那又会怎样？会终结于"王子和公主从此开始了幸福的生活"吗？还是陷入"娜拉出走之后"的困局？

当时的主人公只有猜测。但历史告诉我们，"革命之路"会将他们带入20世纪60年代的狂飙岁月。他们或许会在"五月风暴"中走上巴黎的街头，加入抗议示威的人流。或许，会像贝纳多·贝托鲁奇（Bernardo Bertolucci）的电影《戏梦巴黎》（*The Dreamers*）中的几个年轻人那样，"深度探索"生命的"诗意"，领略最为极端的感官体验。或者，如果有足够耐心，他们无须亲身前往巴黎，因为后来"巴黎"来到了美国,开启了世界性的激进运动。那又会是怎样的情景?他们会像李安在电影《冰风暴》(*The Ice Storm*)中所描写的那对夫妇吗?或者别的什么?

无论电影有多少可能的结局,历史的发展却是:20世纪60年代的激进运动退潮了,"巴黎"返乡了,失去了象征性的光环,蜕变为一个简单的"地理"名称。然后是保守主义的强劲回潮。放纵不羁的感情"回归家庭",左翼革命再次落入晚期资本主义文化和制度的宰制之中。如果惠勒夫妇生活在20世纪90年代,那么导演门德斯的另一部作品——他的电影处女作《美国丽人》(*American Beauty*)——或许提供了再好不过的写照:他们的中产阶级生活可能变得更为压抑、可怜、卑微而绝望。因为"巴黎"已经来过了,幻灭了,"革命之路"似乎走向了绝境,而梦想仍然无处安放。

谁断送了革命?或者革命本身就是一场无疾而终的"戏梦"?我们就此可以"告别革命"而心静如水了吗?

爱情与政治之间的结构性相似并不是表面的。在马尔库塞《爱欲与文明》的论述中,我们可以读出两者在存在论意义上的亲缘性:两性关系与政治生活都是"爱欲"(eros)的表达与安置,爱欲之"解放与压抑"的冲突是文明的永恒主题,同时发生在私人生活与政治生活中。就是在小说《革命之路》发表的那一年,马尔库塞为《爱欲与文明》写下"1961年标准版序言"。文章指出,他提出"非压抑性生存"这一概念,旨在表达一种向文明的"新阶段"过渡的可能,就是要在精神和物质上"解放迄今为止一直受到禁忌和压抑的本能需要及其满足"。但马尔库塞的理想并不是"力比多"的直接简单的释放,而是他所谓"非压抑性升华"——"性冲动,在不失其爱欲能量时,将超越其直接的目标"，将个人之间以及个人与环境之间的各种关系"爱欲化"。而在"1966年政治序言"中，他更为明确地呼吁"爱欲化"的政治斗争："在今天，为生命而战，为爱欲而战，就是为政治而战。"文明对于爱欲的禁忌是弗洛伊德的论题，但在马尔库塞的批判中，现代资本主义的文明产生了"额外压抑"，形成一种新的控制形式，使现代人成为一种"单向度的人"。对于现代文明类似的思虑与忧患，在韦伯对现代性"铁笼"的论说中，在阿伦特对经济事务侵吞"政治行动"而出现的"社会"的反思中，在福柯对微观权力与技术治理的诊断中，都有所表述。问题是真实而深刻的，只是出路何在却一直朦胧不明。

也许，无论是爱情还是政治，爱欲的所有"实现"方式都不得不落实在某种制度的形态中，但所有的制度安排都意味着某种桎梏，都有"安顿"与"逃离"这两种反向的"围城"效应。我们永远会面对"平平淡淡才是真"与"轰轰烈烈才是真"这两个至理名言。那么，是否要打破枷锁走向革命？这不仅取决于客观的现实状况，也取决于每个人对现状的阐释与判断。如果是两性关系问题，那至多是风花雪月的哀伤。但如果言及政治，那么会是攸关千万人的福祉，甚至身家性命的大事。许多信誓旦旦的"思想创新"，可能是新希望，也可能是新梦幻。也许，永远存在着第三条道路：在平凡中眺望远方的巴黎，反观此刻的庸碌与乏味，在愤怒出离的冲动中，再看看眼前的草木与餐桌上的食品，并思考"改良"的可能，更想一想"娜拉出走之后"的严峻问题。然而，第三条道路总是脆弱的，它要求审慎、耐心、智慧以及长程的视野。这在美学上毫无吸引力，既无风雅，也不够浪漫。而更深刻的指责在于，这不只是美学趣味与心理气质的问题，而是一个正当的政治问题。因为所有折中主义的"第三条道路"的话语，都可能成为"维持现状"的借口托词。

对于"爱欲"的言说至少可以追溯到柏拉图的《会饮篇》，其中苏格拉底转述狄欧蒂玛的说法，爱欲并不是欲求美，而是欲求在美的身体或灵魂中"生育繁衍"，由此，凡人可以达到永恒与不朽，"爱欲是奔赴不朽"。然而，在《理想国》之中，苏格拉底也谈论过"爱欲的癫狂"——突破一切节制与审慎，奔赴不朽，导致暴政。"巴黎"永远是一个选项，无论在想象之中，还是在实践之中。如果拥抱"巴黎"的生活是不可存活的，那么没有"巴黎"的世界则是毫无生机而不可承受的。我们永远会处在"安顿"与"出走"的紧张之中。这不是因为我们保守或激进，是"左派"还是"右派"，而是因为我们是人类，这是我们存在的地平线。于是，我们记起亚里士多德的教诲：在政治与伦理行动中没有公式化的原则可循，我们需要一种"实践智慧"（phronesis）。巴黎在哪里？又何以前往？这是极为深刻的政治问题。只是审慎的人们会记得，我们当下身处的此刻此地，恰恰是彼时彼处曾经的"巴黎"。

面对兰德的挑衅
——小说《源泉》读后

阅读《源泉》是一次精神的历险，要求你智性上的强健与无畏。

这是一部畅销作品，自1943年出版后总销售量已经超过了2000万册，并在1949年由安·兰德（Ayn Rand）本人改编剧本，好莱坞大牌明星出演拍成电影，但它绝不是一本取悦式的、娱乐性的流行小说。相反，《源泉》与兰德一样，具有一种挑衅的、咄咄逼人的精神气质，一种独特的思想力量，迫使你审视自己的生活，拷问自己的灵魂：你是生活意义的"创造者"还是一个"二手货"？这种追问会使人困扰、不安、畏惧，甚至愤怒！在这样一个"自我呵护"的时代，我们有什么理由去阅读《源泉》，去经受一次艰难的历险？

是的，作为读者，我们随时可以放弃或拒绝阅读，而且理由是如此现成，几乎唾手可得。可以找到温文尔雅的理由：小说的故事虽然有趣，但太长了；"不合我的口味"，太多的思辨和说教了，让人难以理解；等等。也可以拿出振振有词的理由：主人公过于理想化，缺乏任何现实感，近乎疯狂；或者，作者太过傲慢了，思想神秘，故作高深，完全不可理喻；或者，她的主张是一种乌托邦式，她的叛逆过于极端，太激进了；等等。如果碰巧你是个有学识的读者，甚至可以立刻在"学理"上开展批判——作者倡导的是"原子化的个人主义"，她的"创造者"与"二手货"的二元论是虚假的，立场是极为精英主义，意识形态还可能是反动的、反社会的、不道德的。于是，你停下来，将这部700页的小说丢到一面，弃之不顾，虽然仍然可能心有余悸，但最终时间会使你忘记它，你终于可以平静下来，逃过一次对自己心灵的反省。

但有一个念头会妨碍了你——你会怀疑，所有这些现成的、唾手可得的理由，或许并不是出自你自己真实而独立的思考，或许都不过是人云亦云的"二手货思想"。因为作者本人完全没有回避诸如此类的反对意见。相反，兰德让类似的指控在小说中充分登场，借用她塑造的人物——那些格外聪明的"二手货"——以更为有力、更为精彩、更为雄辩的方式展现出来，但最终裸露出虚伪和怯懦的面目。所以，你无法心安理得地利用那些托词，无法振振有词地放弃或拒绝，主人公的命运和思想会继续纠缠你、困扰你。你获得解脱的方式似乎只有两种：要么选择投降，要么奉陪到底。

投降比借助托词来逃避更为诚实。毕竟，像作者声称的那样，这本书只是为了向"为数不多人的致意"，而"其余的人与我无关，他们要背叛的不是我，也不是《源泉》。他们要背叛的是自己的灵魂"。但那又怎么样呢？既然兰德只关心少数人，我们也未必非要在乎她和她的作品不可。毕竟，这不过是一部小说而已，不过如此，不是吗？

作为读者，我做了另一种选择，奉陪到底。因为小说强烈的挑战气质激发了我。在过去的一个星期里,我每天拿出一部分时间与《源泉》作战,一种精神上的格斗,直至读到最后一行,"只剩下大洋和天空,还有霍华德·洛克的身姿",而脑海里却回响着另一个人的声音——"超人就是大地的意思",那是尼采的声音。

安·兰德早年深受尼采的影响,虽然她后来抗拒尼采的"非理性主义"倾向,但她的灵魂深处藏着一个"尼采的幽灵"。这个幽灵使她曾在《源泉》手稿的开端引用了尼采的一段文字——关于"高尚者必然怀有自尊"、具有"原始确定性"的信念。晚近西方学术界在对兰德的研究中也发现了她与尼采的关联。最近《兰德研究学刊》和《尼采研究学刊》发出了关于"兰德与尼采"的主题论文征集。

《源泉》中的"创造者"很像是《查拉斯图拉如是说》中的"超人"。尼采说,"猿猴之于人是什么?一个讥笑或是一个痛苦的羞辱。人之于超人也应如此:一个讥笑或是一个痛苦的羞辱"。在这里,尼采昭示了他所谓"主人道德"与"奴隶道德"之间截然不同的生命意义。而兰德笔下的"创造者"践行的正是一种特立独行的、勇敢的、使生命热烈昂然的"主人道德",而"二手货"则信奉那种依赖性的、寄生性的、随波逐流的"奴隶道德"。

兰德借主人公霍华德·洛克之口划出了两种生活世界之间的界线:"在这个世界上,人类面临着他们最基本的选择:他只能在两种方式中任选其一——是依靠他自己的头脑独立工作,还是像那些依靠别人的大脑来生存的寄生虫一样。创造者进行发明创造,而寄生虫则剽窃和模仿别人。创造者独自去面对大自然,而寄生虫则通过媒介面对大自然。"洛克还说:"真正的选择不应该在自我牺牲和支配他人之间进行,而在于选择独立还是依赖,选择创造者的准则还是二手货的准则。这是最根本的问题。"

霍华德·洛克在法庭上的长篇陈词可以看作《源泉》的主题宣言。在1949年小说拍摄同名电影期间，当兰德听说洛克的这段台词因为太长（在中译本中长达8页）要被删节的时候，她暴跳如雷，亲自跑到制片厂与导演力争，要确保这段台词能被原封不动地保留在影片最终完成的版本中。由洛克的这篇法庭辩词，我们可以确切地把握《源泉》试图要阐明的基本见解——人类发展的"源泉"来自那些少数的创造者，来自他们"自给自足、自我激发、自我创造的"生命力。这不正是尼采所赞赏的"主人道德"，所推崇的"超人"精神吗？

实际上，这个主题动机在小说的开始就已经铺陈。霍华德·洛克和彼得·吉丁都是建筑设计师。但对洛克来说，工作的意义在于工作本身，创造力的实现就是对工作最好的、唯一值得追求的回报，也是最大的利己满足，所以他说"我无意于为了客户而建造房屋。我是为了建造房屋而拥有顾客"。而吉丁遵从的是另一种教导，"等你在这行干得久了，你就会明白，设计院的真正工作是在四堵墙之外完成的"。对他来说，工作本身不具有价值，而只是获得"成功"的手段，而"成功"来自他人的评价，主要以金钱的名望来度量。于是取悦大众、投其所好是成功的诀窍。与洛克相比，吉丁之流更功成名就，但他们总是活在洛克的阴影中，正如电影《莫扎特》中的皇家宫廷作曲家萨列里终生陷落在莫扎特天才的阴影中。因为在内心深处，吉丁或者萨列里都知道，他们不是创造力的"源泉"，而只是平庸的剽窃者、模仿者和寄生者，在他们的"繁荣"事业不过是一个"互相抄袭，赝品丛生"的世界，他们的"作品"连同他们自己一起，都只是"二手货"。

但我们自己是谁？我们属于洛克的世界还是吉丁的世界？令人畏惧的力量正在于这种追问。如果我们足够诚实，我们很难果敢地宣称自己是洛克式的人物，我们多多少少都是吉丁。即使现实的世界中不存在那个理想化的、无所畏惧和永不妥协的洛克，但洛克的精神仍然具有强有力的警策意义——当我们像吉丁那样行事作为的时候，我们必须对自己怀有道德上的羞耻。这可能免于无限堕落和走向自我拯救的希望所在。

我非常喜欢这部小说，虽然我从来不是兰德的信徒。我曾写过几篇赞赏兰德的评论文字，但她的哲学并没有让我信服，而她论述中的那种"真理在握"的独断气质，一直是我内心格外抗拒的。她试图成为清晰的、理性主义版的尼采，以为能够为尼采的精神提供"理性和哲学的基础"，这种危险的自信可能使她陷入了哲学上的歧途。兰德的客观主义哲学和利己主义伦理学存在着太多的可以质疑和挑剔的地方，这或许是学院派哲学家曾长期对她置之不理的一个原因。罗伯特·诺齐克（Robert Nozick）可能是个例外，他曾写文章专门分析批评兰德在处理形而上学、认识论和伦理学问题（比如在讨论休谟"实然－应然"问题）上的论证失误。但无论如何，兰德和她的作品有着独特的精神力量，因此，诺齐克也尊敬那个作为作家的兰德，认为她的小说是激发思考和引人入胜的。而我们阅读任何一部有价值的作品，并不因为它是完全正确的"真理"，而是因为它富有独特的想象力和思想启迪。在这个意义上，《源泉》和它的作者一样，是卓越而无可替代的。

群体性疯狂如何可能

"叫魂"是一种妖术,据说可以通过施法于受害者的姓名、毛发或衣物来窃取他们的灵魂精气,为己所用。盗来的灵魂会有奇异的效能(如用于加强建筑物的强度),而被盗去了灵魂的人则会"失魂落魄",乃至丧命。1768年,正当所谓"乾隆盛世",关于这种妖术的流言在民间盛传。流言年初始于浙江地区,几个月间迅速蔓延,波及十二个大省(其人口总和超过两亿),爆发了一场公众大恐慌。平民百姓人人自危,想方设法对付妖术;乾隆帝获知后断定背后暗藏着谋反的政治阴谋,随即发诏书在全国清剿妖术;而各级官府起初企图息事宁人,而后奉旨竭力追查妖案,捉拿"妖人"与"妖党"。这场群体性疯狂充斥着误会、怨恨、诬告、陷害和报复,造成了无数冤假错案,夺取了许多人的生命。最后,因为叫魂案无一可以坐实,这场歇斯底里的大规模清剿运动也终结于不了了之。

哈佛大学中国史教授孔飞力(Philip A. Kuhn)重新挖掘这段陈年往事,通过翔实的史料考据与社会政治学的分析写就《叫魂》(*Soulstealers*)一书,1990年发表之后很快成为海外汉学界的一部名著。由陈兼与刘昶合作翻译的中文本于1999年出版。2012年4月，上海三联书店推出了新版中译本（新增长达30页的"翻译札记及若干随想"），初印6000册，两个月后就加印30,000册，相关书评纷纷见诸公共媒体。一部史学著作成为畅销书，这是一个有意思的现象，联想到刘昶提到的一个细节就更令人玩味——孔飞力见到他的第一句话就是："我这本书也是写今天的中国，中国人看得懂吗？"（刘昶当即答道："当然看得懂。"）这样一部史学著作为何在今天会引起公众的兴趣？作者提到的"也是写今天的中国"到底是什么意思？

初看起来，250年多前的这场妖术闹剧完全匪夷所思，与当今科学发达、思想昌明的社会似乎毫不相干。但借助历史之鉴，我们得以勘察那些促发群体性疯狂的三种结构性要素：似是而非的观念信仰，恐惧与暴戾的社会心态，以及超越法治的非常规政治机制。这些要素一直潜伏在历史的暗流之中，至今仍然驱之不散。一旦它们在特定的时机中汇合起来，大规模的歇斯底里还会以各种不同的形态重新上演。

首先，相信鬼神、妖术，以及身体与灵魂可以分离，这些特定的"超验观念"在叫魂案中发挥着重要的作用。有一位邻居突然死去，有一个异乡人曾在此路过，要在这两件事情之间建立"叫魂至死"的因果关系，必须依赖一种特定的文化观念。在今人看来，这种观念完全虚构，是不可理喻的迷信，因此，叫魂之类的群体性疯狂只可能发生在愚昧的古代社会。但是我们不要忘了，任何特定的观念都是一种"文化建构"，其"真实性"并不完全取决于物理意义上的可验证性。只要当事人信以为真，这种观念就会在特定的条件下产生巨大的力量。近代历史上曾有人笃信"刀枪不入"的中国神功，而就在不太久远的过去,我们也曾相信"人有多大胆,地有多大产"的科学奇迹。

　　文化观念本身,无论多么离奇怪诞,也只是群体性疯狂的必要(却非充分)条件。使疯狂成为可能的另一个要素是失常的社会心理,尤其是过度的恐惧、义愤和仇恨。而社会心理又是社会现实状况的产物。孔飞力指出,叫魂案发生在近代中国的前夜,"社会上到处表现出以冤冤相报为形式的敌意"(第284页)。在这个"被人口过度增长、人均资源比例恶化、社会道德堕落所困扰的社会"中,"人们会对自己能够通过工作或学习来改善自身的境遇产生怀疑。这种情况由于腐败而不负责任的司法制度而变得更加无法容忍,没有一个平民百姓会指望从这一制度中得到公平的补偿。在这样一个世界里,妖术既是一种权力的幻觉,又是对每个人的一种潜在的权力补偿"(第285页)。在孔飞力的笔下,这是一个"镀金的盛世",潜藏着敌意与恐惧的社会心理。民众为自己和家人的安全与财产而担惊受怕,时而将攻击用作防卫的手段,于是,"任何人——无论贵贱——都可以指称别人为叫魂犯"(第286页)。官僚为保全职位与晋升而忧心忡忡,竭尽全力揣摩与迎合上司的意图。而乾隆帝则恐惧妖术背后的有"汉化"谋反的阴谋。

　　除了文化观念与社会心理的条件之外,群体性疯狂大规模的急剧爆发还需要另一个要素,那就是非常规的政治机制。正是因为乾隆疑虑大清王朝对于汉人的正当性,他对"妖术"窃取发辫极为敏感,从中闻出了"谋反"的气息,随即将妖术定为"政治罪"。他以此打破官僚系统的常规治理程序,启动了"政治清剿"的非常机制。但这种非常时刻创造出无序竞争与操纵利用的空间:"一旦官府认真发起对妖术的清剿，普通人就有了很好的机会来清算宿怨或谋取私利。这是扔在大街上的上了膛的武器，每个人——无论恶棍或良善——都可以取而用之。在这个权力对普通民众来说向来稀缺的社会里，以'叫魂'罪名来恶意中伤他人成了普通人的一种突然可得的权力。对任何受到横暴的族人或贪婪的债主逼迫的人来说，这一权力为他们提供了某种解脱；对害怕受到迫害的人，它提供了一块盾牌；对想得到好处的人，它提供了奖赏；对妒忌者，它是一种补偿；对恶棍，它是一种力量；对虐待狂，它则是一种乐趣。"（第285页）

但这一切并不是古代中国人所有，也不能简单归咎于愚昧无知的"国民性"。群体性疯狂是特定的文化观念，是社会心理与政治机制在特定条件下发生的协同效应。综观历史，在西方有欧洲中世纪晚期对女巫的残杀，有美国麦卡锡主义对共产主义分子的迫害；在中国近现代历史上，远有"义和团运动"，近有"文化大革命"。这些历史事件当然有其更复杂的面向，但其中都涉及群体性歇斯底里的现象，它们都以特定的"迷信"或意识形态为前提，都被恐惧与义愤的社会心理所推动，也都在启动了非常规的政治机制之后突发蔓延。

在撰写这篇文章的时刻，中国几十个城市正在爆发声势浩大的反日示威抗议。"爱国保钓"本来是正当的公民行动。然而，在反对日本右翼势力的抗议活动中，有一部分竟然演变为针对中国同胞的人身与财产的"打砸烧"暴力，似乎令人难以置信。实际上，这种暴力仍然依据特定的观念建构——将"使用日货"与"卖国行径"相等同，这种"逻辑关联"与叫魂致命的观念相比，或许少了旧日的"迷信"，却同样蒙昧荒诞。而促发这些疯狂举动的社会心理是越来越严重的不满、郁闷、恐惧和义愤，滋生于一个缺乏平等、正义和法治的社会环境。这些暴戾之气只有借用"爱国"这个安全而正当的名义才得以宣泄。但除此之外，还有一个"缺失环节"（missing link）令人玩味。中国法律明文规定，举行任何游行示威都需要提前申请并获得批准。在这样一个国度中，竟然有几十个城市同时爆发相当规模的游行抗议活动，如果没有一种超越常规治理的特殊政治机制在起作用，这一切是难以想象的（尽管目前还很难辨析这一机制究竟是什么）。

250多年过去了，遥看《叫魂》所讲述的那段群体性疯狂事件，我们或许会以文明的骄傲鄙薄古人的蒙昧无知。但未来的中国历史学家若是回望我们时代种种不可思议的现象，不知道是否也会生发出相似的感慨？

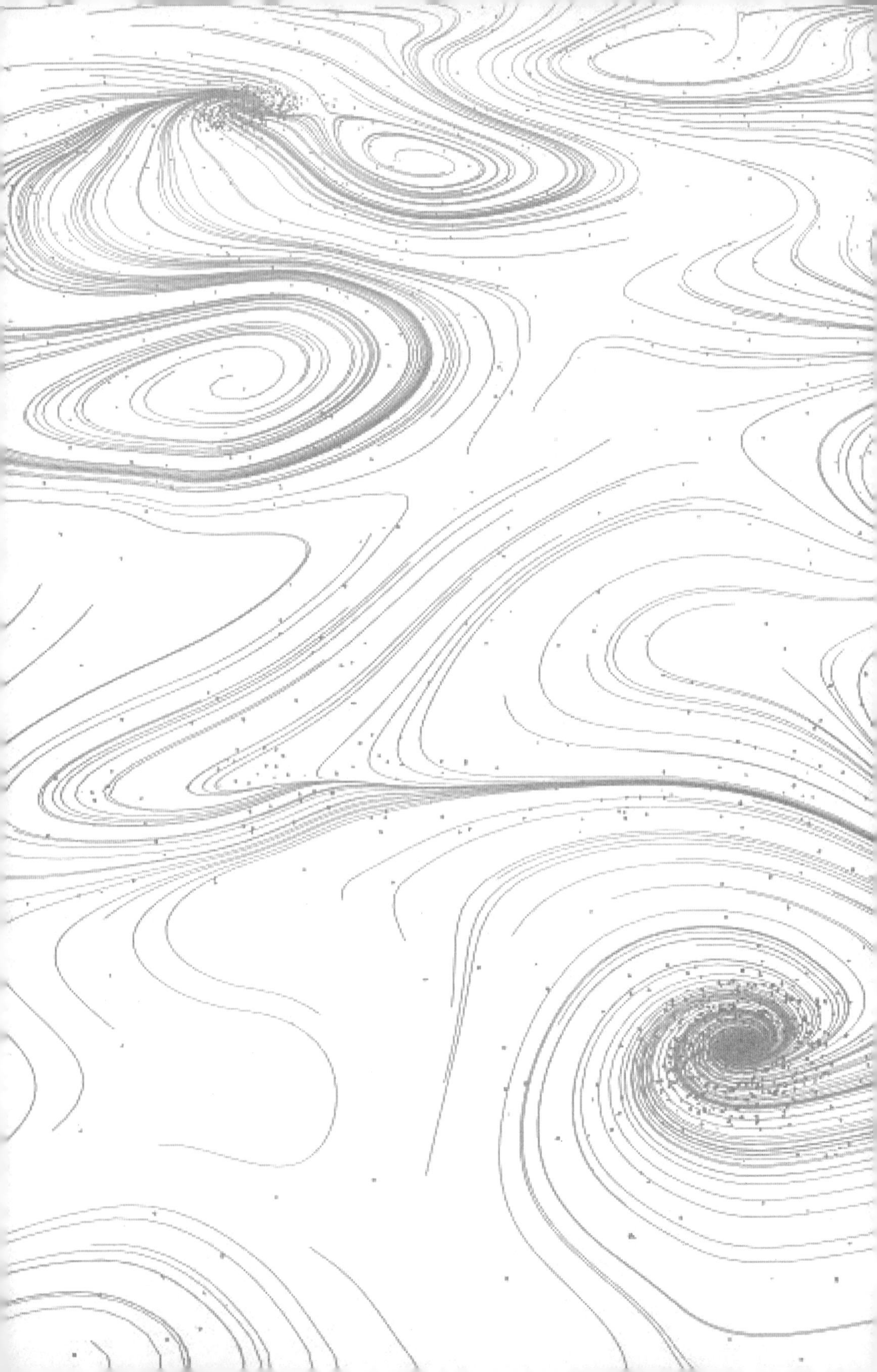

Two

辑二
视角与世界

做一个清醒的现代人

爱国何以成为一种美德

多年前的一名学生毕业后到中学任教，最近刚担任高一年级的班主任，兴致勃勃地组织学生搞演讲比赛。班上的文艺委员夺冠呼声最高，她以"爱国主义"为题，赞颂祖国的悠久文明、大好河山、历代的杰出人物和当今的伟大成就，最后抒发感慨："爱国是我们情不自禁的激情，是一种高尚的美德……我们从小就应当培养爱国主义的情操，为祖国奉献自己的青春。"她的演讲观点鲜明，语言流畅，感情饱满。特别是这位女生外形清秀，声音甜美，很具有感染力，赢得大家一片掌声。

可是"事故"发生了。班上有位被大家戏称为"小哲人"的同学不合时宜地表达了异议："这篇演讲思路挺乱的。"班主任耐心询问，乱在哪里？小哲人随即提出了三点质疑。首先，"情不自禁的激情"就是本能，而本能大多称不上是美德。饿了，就情不自禁地想要吃饭；遇到漂亮女生，会情不自禁地多看几眼，这算是美德吗？其次，既然爱国是情不自禁的本能，放任就是了，何必还要从小培养？这到底是要闹哪样？最后，爱国是因为祖国有伟大的历史和功绩吗？

那么，假设你不幸生在没那么伟大的国家，你是不是还会爱国？是不是会更爱别的更伟大的国家？中国周边许多小国家的国民，是不是应该更爱中国才对呢？

这三个问题一下子让现场陷入混乱。秀气的文艺委员深受打击，委屈得差点哭出来。一位男生出来打抱不平，反问小哲人：那你到底是什么意思？难道我们不应该提倡爱国主义吗？你到底爱不爱国？小哲人应答说：这事儿我早就想过。爱自己的国家就是因为偏爱自己，这是一种自私的本能，算不上什么美德。"我当然爱国，因为我自私。爱国不必说得那么玄，也不用那么装。"

年轻的班主任遇到了麻烦。他不能接受将爱国贬低为自私，也不喜欢小哲人那种轻慢的态度，但一时间又难以给出有力的反驳。于是，他想求助昔日的老师来救援解围。实际上，班级活动的这一幕也是公共辩论的一个缩影。对这些问题很难给出圆满周全的回答，我只是勉力对相关的争论做些澄清和梳理。

一、爱国与自私

要对爱国主义做出严格的界定并不容易，其中，"祖国"的概念就相当复杂，可能同时涉及地理、种族、族裔、民族、语言、文化、历史和政治的多重维度。爱国主义也由此衍生出多种不同的版本，并且常常与民族主义的概念相互纠缠。但在一般意义上，爱国主义的主要内涵包括：对自己国家特殊的爱和认同，对这个国家及其同胞之福祉的特殊关切，也常常引申出为祖国的利益和兴盛而奉献的意愿。

对爱国主义的评价始终充满分歧。比如，俄国大文豪托尔斯泰认为，爱国主义既是愚昧的，也是不道德的。每个爱国者都相信自己的国家是世界上最伟大和最美好的，但这显然不是事实，因此，爱国的激情源自一种愚昧而错误的认知。同时，爱国主义者往往将本国的利益奉为最高目标，不惜以别国的损失为代价来促进本国的利益，甚至可以不择手段（包括战争），这在道德上与"己所不欲，勿施于人"的道德准则相冲突。也有不少论者指出，爱国者常常列举祖国的种种卓越之处，这似乎表明爱国有其"客观的"理据，源自祖国的优异品质。但实际上，爱国情感并不依赖于祖国的客观品质（比如繁荣和富强），因为即便承认有别的国家更为卓越（比如更加繁荣富强），爱国者也不会因此而"移情别恋"。在根本上，对祖国的爱不是"对象品质依赖"的，而是"自我身份依赖"的，爱是因为这个国家（也只有这个国家）包含着"我"，这是"我的国家"（无论她好坏）。因此，爱国主义在本质上是以自我为中心的情感。在我们通常的道德感中，"利他主义"比"利己主义"更为高尚。若是将爱国主义视为"自爱"或"利己"的衍生物，那么它在道德上至少是可疑的。所以有人断言，爱国在本质上是自私的，虽然难以抑制和消除，但并不是一种值得标举的美德。

然而，将爱国等同于自私或利己主义的论断未免过于草率，也很难令爱国者信服，因为这种论断忽视了两者之间的重要差别。首先，利己主义指向个体的自我，而爱国的对象是一个共同体，后者可能蕴含着（前者不具有的）关怀和奉献等利他主义的品格。其次，利己主义的道德疑点在于"损人利己"，在于不公正地对待他人（比如将别人完全当作实现自己目标的手段），而爱国主义并不一定要取"损别国而利本国"的方式。自爱本身在道德上是中性的。如果只是因为爱的对象中包含了"我自己"就要受到道德责难,那么我们对自己所属的家庭、社区、城市和族群的爱都无法豁免,甚至对人类和对地球的爱也是如此——爱人类,是因为我是人类的一员,爱地球(包括自然和动物),是因为我是地球上的物种之一。这样宽泛的指控不具有差异化的针对性,也就失去了道德评价的有效性。

由此看来,道德评价的要点不在于是否自爱,而在于如何自爱。所有的爱国主义可能都是自爱的衍生物,但是自爱的方式相当不同,也就形成了不同类型的爱国主义。仇外的、极端排斥性的"爱国主义"以类似损人利己的方式来爱国,很难在道德上得到辩护。而温和理性的爱国主义主张所有国家之间的平等尊重、互利互惠,完全可能与普遍的道德原则相兼容。但问题是,爱国毕竟意味着一种"偏爱"。一个爱国主义者若是能够一视同仁地对待祖国和别国,能够对本国同胞与其他国家的人民怀有同样的关切与忠诚,那么他就变成了一个世界主义者,不再具备爱国主义的界定性特征。因此有人认为,爱国主义在道德上总是危险的,必须予以节制和修正。

针对这种观点,政治哲学家沃尔泽曾以父母对子女之爱来做对照分析,相当具有启发性。父母对自己的子女几乎都有情不自禁的爱,是一种近乎本能的、非理性的偏爱。但这本身并不构成我们反对父母之爱的道德理由。我们完全可以想象这样一种情景:父母渴望对自己的孩子予以"特殊的"(超出对其他孩子的)关心和照顾,但同时能"以己度人",理解其他孩子的父母也具有这种偏爱倾向。因此,他们承认自己的孩子应该和其他所有孩子一样服从公平的程序(比如,学校评分、大学录取或公务员考试方面的程序)。通情达理的父母甚至会督促自己的孩子尊重他人,服从公平的程序。在这种情景中,非理性的偏爱与公平的道德原则完全可以兼容。

同样,爱国主义即便是一种自爱的衍生物,也未必要走向极端的排他性。对祖国的热爱与忠诚也完全可能与国际正义的原则共存。无论是对于个人、家庭还是国家,在道德上可谴责的不是自爱本身,而是损人利己。因此,笼统地反对和支持爱国主义都缺乏充分的理据,我们需要鉴别不同形态的爱国主义,相应做出差异化的道德评价。

二、爱与批判性的忠诚

爱是一种情感,包含着关怀、忠诚与奉献这些值得称道的品质。但什么是爱呢?仍然以父母对子女的爱来类比。父母若是无保留地满足孩子的所有欲求,无条件地支持孩子的一切言行,通常会被看作"溺爱",甚至人们会说这不是"真正的爱",因为这最终会害了孩子。的确,有人倾向于将爱描述为纯粹盲目的、完全非理性的、无须任何理由的狂热激情,但这是一种过度"文艺化"的表述,或许有助于探究人性深渊的幽暗之处,却是一种错误的认知,源自情感与理性极端对立的二元论,也无从揭示人类关系的真相。从宽泛的意义上说,所有可持存的亲密关系都无法排除理性、判断和反思的维度。

与父母之爱相比,爱国主义更有可能容纳理性判断的维度。因为国家并不具有像家庭(以及宗族、部落、村落、地方社区,甚至城市)那样的经验具体性和直接可感性。人们对国家观念的理解,以及对国家的认同感与归属感,都不是"现成的",而是"养成的"。因此，爱国并不是一种"自然的本能",而是需要通过教育来培养的情感。教育是一种话语（论述）依赖的活动，也就无法排斥论述的内在要求：理由与判断。在这个意义上，"爱国不需要理由"是一种非常可疑的说辞。

许多思想家主张，爱国主义的忠诚应当包含批判性的维度。著名哲学家麦金泰尔在"爱国主义是一种美德吗？"的著名演讲中，为爱国主义做出了道德辩护。作为社群主义者，他主张国家的某些实践和规划（其广泛的利益）是不可置疑的，甚至承认，在有些情况下爱国主义支持和效力的某种事业"可能并不符合人类的最佳利益"。但他仍然指出，爱国者所忠诚的对象并不是国家权力的现状，而是"被想象为一种规划"的国家。一个人可以"以国家真正的品格、历史和渴望的名义来反对其政府"。

晚近出现的两种理论更为强调"批判性忠诚"的重要性。维罗里的"共和主义的爱国主义"认为，爱国所忠诚的"祖国"不是一个出生地，也不是现存的政治制度，而是一个符合公民自由理想和共同自由（正义）的共和国。在这个意义上，当现存的政体背叛了自由与正义的理想（例如法西斯时期的意大利），就不再是属于我的祖国。而哈贝马斯与米勒等人发展的"宪政爱国主义"主张，爱国主义不是一种现成的、凝固的"认同"，而是由公民通过民主实践不断塑造的"宪政文化"，其根本理念是"个体相互承认彼此是自由和平等的"，由此寻求彼此可接受的理据来回答"如何一起生活"这一问题。宪政爱国主义激发的情感是复杂的，可能包括"羞耻，出于正义的愤怒（或民主的义愤）以及内疚感"等。但它诉诸的情感常常是认知依赖的。这两种理论都突出了爱国精神的政治特征——"爱国"的忠诚是指向一个自由与正义的政治共同体。在此，祖国并不是"自然的"国度，而是一个"未竟的理想"。

由此，我们不难理解，在越战和伊拉克战争时期，美国有许多反战人士都以爱国者自居，而现在又有不少知识分子甚至将"叛国者"斯诺登标举为"真正的爱国者"。也只有在类似的意义上，早年许多为反抗国民党专制统治而斗争的中国人被称作"爱国民主人士"，才是恰如其分的。

建构纯粹的"中国范式"是否可能

如何在人文与社会科学的研究中寻求"中国学术的主体性",建立中国自己的"学术范式"?这一论题成为思想界近来关注的一个焦点。实际上,至少自"西学东渐"促发"体用之辩"以来,类似的问题已经困扰了中国人(尤其是知识分子)长达一个世纪之久。而在20世纪90年代初,邓正来等学者曾发起组织系列讨论,在学界引起相当的关注。晚近的相关论述是在"中国崛起"的历史背景下对这一问题再度做出回应的努力,其核心诉求是(如甘阳所言)要终结"中国人简单化学习西方的时代",开启"第二次思想解放",也是(如邓正来所说)建立"根据中国"的学术判准,推动从"主权性的中国"迈向"主体性的中国"的文明发展。

的确,中国学术主体性之确立,首先需要面对一个重要问题:如何摆脱中国思想对西方理论的依附状态。近20年来,一种批判意识和话语在中国学术界成长,从边缘走向中心,已经成为一种耳熟能详的论述,大体可概括为如下主张:中国学术界的许多学者一直在套用西方的范式、理论、概念和方法,用来理解和解释中国的传统和现实,但这种移植套用在双重意义上是错误的。首先，它在知识论上是一种"语境误置"：将西方的特殊理论错误地上升为普遍有效的理论，再应用于中国特殊的语境与条件之中。这不仅无法对中国经验提供有效的解释，反而削足适履地遮蔽与扭曲了我们独特的经验。其次，它在伦理意义上是一种"文化帝国主义"：将多种异质文明的"空间性"错误地转换为（貌似普世的）同质文明的"时间性"，由此将中国文明置于西方文明（"世界历史"）进程的低级阶段。由这种批判论述得出的一个自然推论是：中国应该寻找自己的方式来理解自身的历史与现实。于是，"中国学术范式"成为一个呼之欲出的目标。

大多数中国学者（至少在原则上）都认同这种反思意识与批判论述的正当性，也都会反对简单地移植和套用西方的理论与方法。但是更困难的问题是："中国自己的学术范式"究竟是什么？在当代研究中，我们至今为止尚未见证过任何独立于西方理论、概念和方法的"中国范式"。甚至，上述这种反"西方中心论"的批判话语本身就是西方学界的一种主流论述。甚至，（邓正来使用的）诸如"主权性中国"和"主体性中国"这样的语词，都闪动着格劳休斯与黑格尔的概念影子。那么，究竟是什么妨碍着我们达成中国学术的自主性？也许，我们需要更大的耐心与更为持久的努力才能根本摆脱对西方的思想依附状态。也许，我们之所以难以建构纯粹的"中国范式"，是因为所谓"西方"已经"内在于"我们的存在经验。或者说，一种完全独立于西方的、纯粹的"中国"本身就是一个有问题的、需要反思的概念。

我们在今天所指称的"中国"，不仅与先秦或汉唐时代的内涵大不相同，甚至与晚清时期的理解也有相当的差异。近代以来的所谓

"三千年未有之变局"以及中国革命的历史，都极为深刻地"重构了"传统意义上的中国人与中国文化。这些重大的变迁与发展使得一个传统的、本真的和明确纯粹的中国不复存在。当然，传统中国的各种要素通过不断转化，仍然以或明或暗的方式对今日之中国产生影响，使得中国在某种意义上总是"具有中国特色"。但是，无论具有历史与语境敏感的阐释会如何处理马克思主义与中国本土实践的关系，以及与儒家传统的关系，我们都不得不面对这样一个事实：指导中国的社会主义革命和立国的意识形态是源自一个德国人的伟大理论创造。同样无可否认的事实是：中国在政治意识形态、文化价值观念、社会制度安排、经济生产方式、公共传媒与通信，乃至饮食起居的日常生活方式等所有层面上，都已经与所谓"西方"世界发生了千丝万缕的联系与纠葛。

葛兰西曾指出，"批判性阐述的出发点，是自觉意识到你究竟是谁，是将'认识你自己'作为迄今为止历史过程的一种产物，这个历史过程在你身上存积了无数痕迹，却没有留下一份存储清单。因此，汇编这份清单在一开始就成为当务之急"。今日之中国是一个过于复杂的历史进程的产物，"存积着"无数彼此交错、相互纠缠的历史痕迹。中国古代与近现代的文化因素，以及西方多种不同的思想理念，都"共时性地"构成了我们生活实践的地平线，成为当今中国之自我理解的内在的"构成性"（constitutive）部分。因此，反思性视角下的"中国"就不再是一个自明的概念。这里我们至少可以辨析出中国的多重含义："实存之中国人"意义上的中国，"传统文明"意义上的中国，"现代民族国家"意义上的中国，"社会主义传统"意义上的中国，"当代社会与文化实践"意义上的中国，以及对"未来中华文明的伟大复兴"之展望意义上的中国。这些多重维度共同构建了"我们中国人"的历史感以及现实感,共同塑造着中国的自我理解与想象,也使得中国之概念具有复杂的内在张力与歧义性。而任何通过"抹去"其多维度的复杂性来"驯服"这种内在紧张与歧义,并以此达成透明一致的"中国"的"概念界定行动",都会引起高度的争议,并总是会遭遇部分历史"证据"的质疑。

如果对此没有足够自觉的反思,那么反"西方中心论"的批判话语并不能天然地转化为一种积极的、具有生产性的理论力量,反而可能耗尽其批判性潜力,蜕变为一种非反思性的指控,一种容易让人熟视无睹的陈词滥调。比如,我们已经读到过难以计数的批判文章,抨击西方的"人权、自由和民主"之类"空洞而虚伪"的口号在中国的"大行其道"。但令人惊讶的是,这种理应出于历史和语境敏感的批判,却很少对此类"西方话语"为何流行做出具有说服力的解释,很少展开有深度的历史化和语境化的分析。相反,我们常常读到的是某种粗鄙的"洗脑论":这些西方观念的流行无非是少数"右翼精英"(或出于愚昧无知,或因为居心叵测)对大众的煽动和误导而已。因为据说"大众是愚昧"的,他们可以完全抛开自己的生命体验和生活经验被人"洗脑"。同样令人注目的是另一种立场相反的"洗脑论":当共和国最初30年的社会主义理念在当下出现"回暖"甚至"强劲复苏"趋势时,也往往被粗暴地看作"洗脑"的结果——无非是某些"左派精英"(或出于狂热的幻想,或因为用心不良)对大众进行煽动与误导所致。同样的"洗脑论"也见诸对儒家文化保守主义在民间崛起的简单推测。

但是,任何一种思想或理念,如果无法与人们的生命体验和生活经验发生最低限度的对应耦合，那么就根本不可能成为"社会现象"。对意识形态的批判仍然是可能和可为的，但有效批判的前提是对这些现象做出类似于"谱系学"和"效果历史"的分析——去发现、阐释和回答：某种特定的思想或观念如何在历史进程中与人们的实践经验发生遭遇？又如何为经验提供了得以被"理解"（或误解）的"认知框架"、得以被表达的"话语模式"？其特定的社会条件为何？这些认知框架和话语模式又在何种意义上"遮蔽"和阻碍了经验获得更真实、充分和恰当的理解与表达；等等。如果缺乏诸如此类的复杂而细致的反思性工作，那么"批判话语"会蜕变为简单的"批判姿态"，一种缺乏思维品质的"文艺腔"。

　　类似的，在对学术本土性的诉求中，援用源自西方的语词概念，常常被指责为是在用外来的"翻译语言"错误描述"本土经验"，而更严重的问题是，"语词"会反过来塑造我们的经验，于是我们的"本土经验"被"翻译语言"所左右，变得面目全非，丧失了自己。这类批评本身蕴含着某种反思性的指向，但却从未认真反思过："翻译语言"得以流行的历史与社会条件是什么？为什么有些外来语词流传下来，另一些则变得无声无息？究竟何为"本土经验"，以及何为纯正的"本土语言"？中国古代语言用于中国的现代经验在何种意义上不算是"翻译"？为什么"本土语言"就天然地更适于描述"本土经验"？所有这些问题都不是自明的，也不会在一个简单的指责中消失。

　　同样，"西方"也不是一个纯粹一致的概念。学术界对"黑色雅典娜"等类似论题的讨论，表明所谓"西方"文明具有多样化的根源，而"东方"一直内在于"西方"的历史经验。尤其在当今所谓全球化的时代,一个僵化的"东方"对"西方"的二元对立框架已失去了其现实经验基础,失去了有效的解释力。因此,对中国学术主体性的追求,需要一种反思性的自我理解,应当始于对中国做"历史化"与"问题化"的再思考。但这种反思并不指向"破碎化的自我解构",并不终结于将中国做"虚无化"理解,而是主张将积极的"自我肯认"建基于复杂而具有内在紧张的"历史–未来"与"理论–实践"等关系维度中的认识。如果在充分展开复杂的反思之前急于界定一个绝对的、透明的和一致的"主体性",那么反而会导致主体的虚无化。因为歧义与多样性本身并不必然导致虚无,其中必须经由一个错误的绝对纯粹性的形而上学假设作为逻辑中介。正是在这个意义上,"形而上学才是虚无主义的根源",我们再次与尼采的洞见不期而遇。

被误解与被滥用的自由主义

探讨"自由社会的文明基础"的论题,暗含着这样一个想法:建设与维系一个自由民主社会不能仅仅依靠自由主义,而是要立足于更为深厚的文明传统,否则这个社会将会有严重的缺陷,甚至是难以存活的(unviable)。如果这只是在一般意义上主张"仅有自由主义是不够的",那不会有多少争议,这也是大多数自由主义者的主张,或是他们愿意接受的观点。实际上,没有任何个人或社会(即便是自由主义的)会轻信,除了自由主义什么也不要,什么也不是(being nothing but a liberal)。另有一种主张更具有挑战性:自由主义具有某种内在的危险,如果不予以警惕、防范和矫正,会导致民主社会的自我瓦解。而自由主义思想本身不具备(自我)防范的能力,矫正的力量必须取自更深厚的传统文明资源。换句话说,自由主义有某种疾患,需要外部的力量来医治,而自由主义的某些思想还在抵制或延误这种医治。这个观点显然更为重要,同时也相当具有争议。我们应该如何理解和回应对自由主义的这种批判?

回答这个问题并不容易。首先因为自由主义本身是一个错综复杂的思想传统，有近代早期、现代和当代发展的差异，也有不同的地区形态之间的差异，还有侧重面向（伦理的、社会的、经济的和政治的）之间的差异，这使得自由主义既容易受到攻击，又容易得到辩护。其次，无论批判还是辩护，都会介入不同历史文化观之间的争议（如何认识古今之变），以及不同哲学观（基础主义与反基础主义）之间的冲突。在有限的篇幅内，我尝试回应与此相关的三个问题：首先，对自由主义的流行指控是否基于恰当的理解？是否切中了要害？其次，自由主义是否放弃了价值标准和人生理想？它倡导什么样的道德与伦理生活？最后，自由主义是否需要立足于更为深厚的文明传统？对于"根基"问题的探寻究竟意味着什么？

"无根的"自由主义及其漫画

对现代性的批判论述几乎都是针对自由主义展开的。的确，自由主义是现代性的主导思想潮流，现代性的困境很自然地会被视为自由主义的困境。许多在政治上支持或同情自由主义原则的学者也对它在道德和精神领域中的影响怀有忧虑或持有批评。许多批判性论述相当尖锐和深刻，彼此之间也不尽相同，但大多数批判都会针对自由主义的核心思想观念，可称之为"权利本位的个人主义"（rights-based individualism）。概括地说，权利本位的个人主义对人或人性的理解在根本上是错误的，它自负地抛弃了各种悠久文明传统对人性的丰厚理解，而将人简化为个人权利的承担者，这是对人性的扭曲。更严重的是，这种个人主义哲学一旦成为现代社会的主流思想，就会对政治、道德和精神生活造成十分有害，甚至是颠覆性的后果。因为这种哲学将自由的概念界定为个人的选择自由，一切都交给个人自己去选择，但却完全缺乏或无法提出选择的标准——正确选择所需要的真理标准和价值标准。于是，个人被赋予近乎神圣的自由选择权，但却完全不知道应当选择什么，从而陷入了无从选择或任意选择的局面，导致了相对主义与虚无主义的大行其道，最终使个人自由沦为无节制的"欲望解放"。

这种"解放"实际上带来了双重危险——恐惧不安与放任堕落，这反映在现代社会的所有领域中。首先，在精神（伦理）生活领域中，自由主义造成了现代人的"心灵危机"。人们无法把握人生的根本意义，无从追寻美好的人生，要么陷入困惑迷茫，要么走向自我放纵。其次，在道德实践领域，自由主义让人性中所有低级欲望都被释放出来，并予以正当化，无所羁绊的"自由人"成为被欲望挟持的动物，自愿或不自觉地让生活被贪婪的资本主义所支配，沉溺于消费主义的物欲满足，引发了各种道德失范和道德危机（比如责任感的丧失，对他人的利用和欺诈，对共同体的侵蚀，以及对生态环境的破坏等）。最后，在政治生活中，仅仅关心私人利益的个人主义者无法成为有政治责任和政治能力的公民，导致公共生活的蜕化或政治领域的"去政治化"倾向（阿伦特所批判的"社会之兴起"的现象），难以培养民主社会所需要的政治意识和公民精神，难以形成一个强劲有力的政治公共领域，也就无法维系（即便在一个具有宪政民主制度形式的国家中）一种健康的民主生活，这终将瓦解自由主义所期许的民主政治。托克维尔等早就对此发出过警告，而德国虚无主义导致纳粹兴起的历史经验似乎证实了这一点。

以上概括了对自由主义的主要批判，大多为人所熟知，实际上也非常流行，以至于变成了一种老生常谈。但这些批评之所以会成为老生常谈，或许恰恰是因为它们蕴含了部分真理。在我看来，这种批判论述是对自由主义历史与学说的一种漫画性描述。所谓"漫画"是说，其中有几分事实、几分相似，也有几分歪曲，是一种似是而非的图景。列奥·施特劳斯或许是这类漫画作品中最有影响的一位大师。通过检讨他对自由主义的批判，有助于澄清自由主义的批评者们在什么意义上提出了或许有益和必要的警告，又在什么意义上造成了对自由主义某种凝固化的误解和偏见。

我所谓的"漫画"并不完全取其贬义。漫画可以是尖锐深刻的，但同时又是片面失真的。在我看来，施特劳斯对自由主义的批判正是这样一幅尖刻的漫画。

让我们来面对施特劳斯的著名诊断：现代性危机的根源在于价值上的相对主义和虚无主义，并断定这发端于现代启蒙思想，并由于自由主义思潮的盛行而日益严峻。我认为这是一个"倒果为因"的误判。简单地说，早在自由主义成形之前，西方历史上早就有怀疑主义和主观主义的思想潜流，而促成这种潜流成为现代思想主流的根本动力并不是自由主义，而是各种价值绝对主义的纷争。让我们设想一下：假设自由主义从未在历史的舞台上登场，从未有过启蒙思想家的"蛊惑和败坏"，人们是否就会拥有确定的真理标准和价值标准？是否就能获得关于"何为美好生活"的确切指南？不能。因为各种宗教，以及每一种宗教的多种流派，都在宣告自身的绝对正确，但它们彼此冲突，甚至势不两立。于是，早在自由主义兴起之前，人们就已经面对来自四面八方的"正确答案"，人们早就陷入了"诸神之争"

的困境之中。在各种相持不下的绝对真理的争斗中，人们应该信奉哪一种真理？大概只有两种选择：要么自以为真理在握，与所有异端为敌；要么陷入不知所措的怀疑和迷失。施特劳斯研究过斯宾诺莎和霍布斯，将他们视为现代思想的发端人物。但他们的基本问题无疑是源自绝对主义的争端。在这个意义上，相对主义恰恰受孕于各种绝对主义的"交配"（在这里，"遭遇与争斗"就是"交配"），就是绝对主义自己的产儿。因此，将自由主义看作相对主义的根源是一种"倒果为因"的历史批判。这或许不是施特劳斯本人的观点，却是一种据称是依据施特劳斯思想的观点，而且流布甚广。

那么，即便自由主义不是相对主义的起源，但是否助长了相对主义甚至虚无主义的蔓延呢？再来看看施特劳斯考察的"现代性三次浪潮"。如果我们追问：为什么每一次对现代性的批判都导致了下一次更加激进的现代性浪潮？它们究竟与自由主义是什么关系？马基雅维利和霍布斯（第一波）算不上自由主义，卢梭（第二波）至多是半个，马克思和尼采（第三波）离自由主义更远。这个历史可以有另一种阐释的思路：对现代性的批判，如果在反自由主义的方向上展开，会走向不断激进的现代性。自由主义本来可以被阐释为抑制激进现代性（虚无主义）的思想力量，但施特劳斯没有这样做。那么，即便我们承认德国纳粹是虚无主义的后果，我们仍然需要分辨，这是自由主义的结果还是反自由主义的结果？施特劳斯多少有些闪烁其词，他有时将自由主义区别于虚无主义，有时又将它们混为一谈，但坚持认为自由主义无法防范虚无主义。那么，我们在什么意义上可以声称纳粹主义的兴起是自由主义的罪责或恶果（这种近来在中国颇为时髦的"深刻"论断）？也许，我们不应当简化施特劳斯，因为在他心目中，似乎存在一种（他较为认同的）好的自由主义，还有一种败坏的被滥用的自由主义。[1]但问题是：被滥用的自由主义真实体现了自由主义的精神吗？正如败坏的基督教可以代表基督教的真义吗？

绝对主义之争是现代性困境的根本缘由，而所有的宗教和思想学说都要面对这种诸神之争的局面。自由主义正是在宗教冲突的惨痛后果之中兴起，对此，思想史家有基本的共识。那么自由主义究竟有什么错？批评者的意思大概是说，虽然自由主义最初是作为一个"调停者"脱颖而出，主要是为了缓解各种宗教之间的冲突，这是其重要的贡献，但这种调停方式本身成了问题。因为自由主义主张保持中立，让各方搁置争议，而自己不做任何判断，这就导致了一种"你好我好大家好，一切交给个人去选择"的局面，于是助长了（至少无力抑制）相对主义，甚至虚无主义的蔓延。但这是一个中肯的批评吗？至少有相当一部分自由主义者不会接受这个批评。

在逻辑上，绝对主义之争（极端地体现为宗教战争）并不注定导致相对主义的困境，也完全可能通过另一种方式来克服，那就是造就一个统合的绝对主义，无论是用血战到底的暴力，还是用循循善诱的教化，或者两者兼具。实际上，各大宗教都有这种成为超级宗教的倾

---

[1] 十多年来，一些对施特劳斯的研究将他阐述为自由主义的同情者，甚至认为他本人就主张一种特定意义的自由主义——所谓"柏拉图式的自由主义"（Platonic Liberalism）。见Steven B. Smith, "Leo Strauss's Platonic Liberalism," *Political Theory*, Vol.28, No.6（Dec., 2000）, pp.787-809。2006年，施特劳斯学院派的弟子们接连推出三部著作，试图阐明"施特劳斯是自由民主的朋友而不是敌人"，参见Steven B. Smith, *Reading Leo Strauss: Politics, Philosophy, Judaism*（University of Chicago Press, 2006）; Thomas L. Pangle, *Leo Strauss: An Introduction to His Thought and Intellectual Legacy*（Johns Hopkins University Press, 2006）; Catherine and Michael Zuckert, *The Truth about Leo Strauss: Political Philosophy and American Democracy*（University of Chicago Press, 2006）.

向（当今中国的某些新儒家，也仍然怀有这样的信心，期望将所有教派吸纳统合在儒家之下）。但这些努力在历史上全部失败了（虽然历史实践的失败未必是思想的失败，这是另一个话题）。基于宗教冲突的惨痛教训，现代启蒙思想家（自由主义或准自由主义）拒绝以任何宗教教义作为普遍真理，但这绝不意味着他们放弃了对真理与价值标准的追求，或者（如施特劳斯所说的）"放低了标准"。实际上，启蒙运动的主流思想是一种重建普世主义原则的努力，不是以放弃价值标准来应对价值纷争，而是以理性的人本主义重建价值标准。康德的实践理性是如此，黑格尔的意识哲学和历史哲学也是如此。[1]而19世纪英国的自由主义是一种鲜明的伦理思想。

像许多批判者一样，施特劳斯认为现代人丧失了道德责任意识，并将其归咎于自由主义权利学说的影响。如果权利只是为了让非道德和不道德的欲望得到满足，那么现代人就不可能对欲望的放任做出道德约束和谴责。他认为正是现代的个人权利观导向了虚无主义。但这是对现代思想史的恰当描述吗？这种描述或许（部分地）适用于霍布斯，但绝非适用于全部自由主义思想家。实际上，责任高于权利的原则，最早是在17世纪由萨缪尔·普芬道夫（Samuel von Pufendorf）阐发，而在康德那里成为一个典范。康德主张，道德的价值在于更深刻地告诉我们，哪一种生活方式会使我们成为更健全的人。但正如查尔斯·拉莫尔（Charles Larmore）所批评的那样，施特劳斯几乎避而不谈康德的伦理学核心。他在《自然权利与历史》的一个段落中简

---

[1] 在此，我充分意识到，康德的自由主义者"身份"是后来"追认"的，而黑格尔与自由主义的亲和性关联是近20年来研究的一个趋势。

单地提到，康德问起过，为什么道德哲学被称作责任的学说而不是权利的学说，然后就中断了。这强烈地暗示康德对此没有答案。但实际上，康德就在紧接着的下一个句子中论证指出，"只是因为我们将自己理解为无条件地受到道德责任的约束，所以我们才能相信我们是自由的并由此被赋予权利"。[1]

在这种自由主义的思想传统中，没有"你好我好大家好"的相对主义，更没有"一切无所谓对错"的虚无主义。现代社会生活实践中对个人权利的滥用是事实，但在我看来，这种滥用更多是来自对自由主义个人权利观的误解，或者，更确切地说，对某种特定版本的自由主义的特定理解无法有效地防止这种不幸的滥用，但由此推论自由主义就是现代性危机的根源，那是漫画式的批判。这类漫画式的批判实际上可以针对任何一种思想传统，因为任何一种思想都可能被误解和滥用。比如，指控柏拉图主义是精英主义，甚至是极权主义；指控基督教是愚昧盲从的独断论，是"人民的鸦片"，是帝国主义的帮凶；指控任何一种社会主义的构想都是乌托邦的迷梦，必将造成巨大的灾难……需要证据吗？选择性的证据总是斩钉截铁，而且用之不竭。拿基督教来说，大肆兜售"赎罪券"是真的吧，十字军东征是真的吧，神职人员不断发生的性丑闻是真的吧……但由此断言基督教本质上就是堕落的、残暴的和伪善的，会是一种严肃的批评吗？会令真正的基督徒信服吗？真正的基督教徒不会回避宗教在历史上造成的问题，但也不会因此承认，这些问题就暴露了基督教的本质，或者其无可救药的内在矛盾。如果将批判置于这样的慎思之下，我们或许会有好的理

---

[1] 查尔斯·拉莫尔：《现代性的教训》，刘擎、应奇译，北京：东方出版社，2010，第79页。

由指出，施特劳斯对现代自由主义的批判，虽然有其深刻的洞见，但却是简单化的，有所曲解的。这绝不意味着，因为所有思想学说或教义都有其弊端，自由主义的缺陷就是可以接受的，就有了豁免批评的理由，完全不是。不如说，反对漫画式批判的出发点，是要求对自由主义思想传统做出中肯而恰当的认识。因为只有在恰当理解的基础上，才有可能改造和克服其存在的弊端，正如任何有效的治疗首先要求的是正确的诊断。

那么，有两件事情首先必须加以区分：一种思想学说本身完全没有确立价值标准，这是一回事；而它本身提出了价值标准，但一些（声称遵循这种思想的）人在实践中没有达到这种标准，这是相当不同的另一回事。宗教的仁爱原则是真的，但总有一些（自诩的）教徒的言行举止与仁爱原则相距甚远也是事实。同样，自由主义并不是放弃价值标准的虚无主义，但现代"自由人"的精神困境与道德危机也绝非空穴来风。我们当然有必要探讨实践问题与理论之间的关系，但两者不能混为一谈。在我看来，在现代性情景中，任何一种伦理、道德和政治理想在实践中都会遭遇自身的困难，自由主义如此，宗教和其他思想学说也是如此，虽然它们各自遭遇的困难是相当不同的。

自由主义的价值标准

自由主义究竟是否放弃了价值判断与道德主张。一种流行的见解认为，"自由主义只告诉人们要自由选择，但从不告诉人们应当如何选择"，其流行程度类似于我们听到的另一种指控，认为"宗教要求人们放弃理性去服从教义，最终会让人们变成愚昧或狂热的信徒"。所有流行的指控都有其流行的缘由，但这与它们正确与否并没有必然的联系。声称"只要自己愿意，随便怎么选择都行"，这是类似萨特式的存在主义宣言，而不是自由主义所主张的个人自主性。

那么，又如何解释所谓"价值中立"和"正当优先于善"的原则呢？"中立"难道不是对所有价值立场都抱有"不置可否"的相对主义态度吗？正当的优先性难道不是表明了对于"善的观念"（the conception of the good）无话可说或（至少）漠不关心吗？这两个原则（或近似的说法）是一些当代自由主义理论家的主张，但它们非常容易引起（尤其是草率读者的）误解。

首先，"中立性"（neutrality）这个术语必须放置在特定的问题与脉络中理解。正如罗纳德·德沃金和拉莫尔反复阐明的那样，"中立性"是政治自由主义的一项原则，针对这样一个特定的问题：如何在政治上应对公民在各种宗教或整全性学说之间的"合理分歧"或"多元主义的事实"。政治自由主义主张，首先要在政治上以"平等的"或"不偏袒"（impartial）的方式来对待"合理的分歧"。如果"价值判断"意味着肯认什么和否定什么价值，那么中立性原则本身就不是价值无涉的，而是一个实质性的道德断言（moral assertion）——它肯认了"平等的尊重"这项价值，并要求在政治领域的价值排序中将此价值置于其他价值之上。其次，平等尊重的中立性原则只适用于具有"合理分歧"的善的观念，这意味着它会以否定的（而不是"中立"的）态度去对待某些不合理的关于善的主张（比如，"美好的生活必须让别人做自己的奴隶"之类）。再次，"平等尊重"是在政治原则的意义上才具有优先性，因为政治原则不同于其他一般的道德原则，它具有明确的强制性，因此需要最低限度的共识。换言之，我们完全可以想象，一个人可能信奉一套自由主义的人生理想和道德原则，并认为这比其他宗教和学说更为合理，但他同时相信，将这套自认为正确的价值原则（作为政治原则）强加给其他思想异己的公民同胞是错误的。这究竟是自由主义的谦逊还是傲慢？而这在什么意义上又涉嫌相对主义或虚无主义？

同样，所谓"正当优先于善"指的是在特定意义上——针对政治制度基本结构而言——正当具有优先性。首先，政治生活是共同的生活，现代政体应当尽力维护各种具有合理争议的人生理想能够和平共存。我们大概都会同意"基本的温饱"对于人的生存具有优先性，但这绝不意味着温饱问题就是人类经济学中唯一的问题或总是最重要的问题。类似的，正当之优先性是作为维持共同政治生活之必要条件的优先性，这绝不意味（即便在政治领域中）"好坏"（善的）问题可以被置之不顾或其重要性总是次于"对错"（正当）问题。我们可以这样来理解（罗尔斯等人提出的）正当的优先性：各种善的观念总是会，并且应该在政治领域出场，正当的优先性不是取消或藐视善的价值，不是消除善的观念具有的政治内涵，也不是否认善对于政治生活的激发和指导作用。正如只有基本温饱的人类生活就不是真正的人类生活，同样，只有正当的政治生活也不再是政治生活。正当的优先性只是对所有基于善的政治主张施加了一种限制——服从公共理性要求的"所有公民平等的基本权利与基本自由"。换言之，它是作为必要条件来限制各种善的观念在政治领域中的力量。限制似乎是一个"消极"的语词，但它同时具有积极的面向。因为正是由于这种限制，才允容了许许多多善的观念得以获得政治表达，否则它们会被处于霸权地位的整全性学说——在当代就是整全性的自由主义本身——压制和排斥。这正是罗尔斯从早期的"正义论"转向后期的"政治自由主义"的主要动机。我们还可以换一个角度来理解正当的优先性：恰恰是由于"何为善，何为有意义的人生"之类的问题对于每个人的政治、道德和精神生活都极为重要，所以我们才不能（在合理分歧没有得到解决的情况下）轻率地给出一个武断的"标准答案"，并将这个答案强加给所有人。所以，"正当优先于善"体现出对善的价值的重视而不是蔑视。

让各种（合理的）善的观念在政治领域中和平共存，这当然不错。但这并没有解决"我们应当依据何种善的观念来生活"这一问题。如何来对待这一重要问题？可以想象一种"自由主义"的方式，认为"这个问题是如此之重要，以至于必须完全交给个人自己去选择和决定"。当然，也可以想象另一种（非自由主义的）方式，认为"这个问题是如此之重要，以至于我们绝对无法交给个人去选择，而要由贤人、传统或宗教教义来决定"。这里我们看到，自由主义与宗教之间似乎存在着根本性的分歧。但我们需要格外谨慎地指出：这种反差鲜明的对比包含的某种"漫画特征"——它将宗教描述为教条独断的，将自由主义描述为任意放纵的。这种简单化的描述至多只适用于某些极端的（因此是可疑的）宗教信徒和自由主义者，却在相当大的程度上歪曲了双方的立场。

许多宗教（比如现代大多数新教流派）绝不会否认自由意志和个人选择的意义，因为人的自由意志是上帝赋予的。至少从奥古斯丁开始，"本真性"（authenticity）的价值已经被纳入基督教思想传统，由此肯认自主选择对于信仰的重要意义。因此，宗教并不主张剥夺个人选择的权利，而是强调对于何为好的生活不能完全交给个人任意选择。同样，自由主义强调个人自主性，这是因为个人的生活不得不是他自己所过的生活，没有别人可以替代，因此人生问题首先要交给个人来选择。但这里"首先"的含义既不是"完全"也不是"任意"，而是一种必要但非充分的条件要求：个人的选择是必要的、不可缺失的、无可替代的。但与此同时，这种必要的个人选择不可能完全由个人单独做出，也不应该是任意的。自由主义在主张自主性的同时，完全承认人是文化、历史、语言和社会之中的个人，而并非主张所谓"原子化的"个人。实际上没有任何重要的自由主义思想家认可所谓"原子化个人"的观念，这种误解在自由主义与社群主义的争论中已经得到了澄清。但（不幸的是）这种不实之词仍然在流传。

选择总是依据某种标准的选择。选择的标准可能是多元的、可争议的，但绝不是任意的，也不是个人可以独自创造的。自由主义相信"我愿意"是一个重要且必要的标准，但不承认"只要我愿意"就足以构成标准本身。即便是消极的自由主义（因其特定的问题意识）倾向于强调没有"我愿意"是不行的（必要条件），但并没有声称"只要我愿意"就够了（充分条件）。这正是自由多元主义区别于虚无主义的要点所在。前者相信，对于人生问题的正确答案可能有多种（彼此可能冲突，也可能兼容），但一定会有些答案是错误的，不可接受的；而对后者而言，所有答案都一样正确有效（或错误无效），一切都无所谓对错。

的确，在现代生活中，有一些人既不信奉任何宗教，也不理解自由主义，他们在各种信仰之间游离，将个人选择当作是完全自我和任意的。这种放任可以冒用任何名义，只是借用自由主义的称号更方便而已（正如唯我独尊的人可能更容易借用宗教的名义）。但他们的言行不是对自由主义原则的践行与忠诚，而是冒用、误用和滥用。实际上，如果自由主义放弃了个人自主性的价值标准，那么所有无神论的自由主义者都只可能拥有坏的（堕落与可悲的）道德和精神生活，这显然不是事实，即便按照主流的宗教标准来看也不是。

那么，自由主义究竟有什么明确的价值标准？若有的话，能否依据这些标准在伦理和道德问题上明确反对什么或支持什么？让我们尝试给出一个清单：（1）自由主义有理由反对纵欲（比如酗酒、吸毒），因为这会使人陷入"不由自主"的奴役状态，因此支持审慎节制地对待生物本能欲望（自主性原则，理性反思原则）；（2）自由主义有理由反对欺诈、利用和伤害他人，因而支持真诚、平等与互惠互利（密尔的"伤害原则"，康德的"人是目的"原则）；（3）自由主义有理由反对迫害与压制异己信念，支持理解、宽容和商谈（洛克的"宽容原则"，当代自由主义的理性对话原则）；（4）自由主义可以有理由反对平庸和蒙昧无知，而鼓励卓越和追求真理（密尔的幸福论）；（5）自由主义甚至可以有理由支持为共同体利益而牺牲个人利益（边沁的"功利主义"及其当代发展的精致版本）……

当然，并不是所有自由主义者在生活实践中都能达到所有这些标准，正如不是每个教徒都能达到宗教教义所期待的道德水平。但这份不完整的清单多少揭示了自由主义思想可以具有明确的价值标准。同时，我们必须承认，这些道德主张在自由主义内部是有争议的，因为自由主义是一个错综复杂的传统。所谓"消极的自由主义"对于"何为美好的生活"提供的指南非常有限，着眼于强调免于强制的消极自由是实现美好生活的必要条件。而"积极的自由主义"则对人生意义提出了更为实质性的原则。我们可以清晰辨识，18世纪以来有一个具有实质伦理内涵的自由主义传统，这至少包括德国的康德和洪堡，19世纪英国新自由主义思想家（密尔、格林、霍布豪斯、鲍桑葵等），直到20世纪美国的杜威。在这个宽泛意义上的至善论（perfectionism）自由主义传统中，责任和权利同样重要，强调自由和理性的价值在于探索自然和人生的真理，而这种探索指向人格完善和美好生活的发展。对个人权利的主张同时包含了对如何运用权利的告诫、引导和限制，这体现在对他我关系的"（非）伤害原则"和平等尊重原则，以及对自我关系的"自主性原则"。恰当理解的自主性是一种理想，总是要求与理性反思保持一致，因此，自主性原则不仅不支持放任（生活中碰巧出现的）欲望，而且反对放任未经反思的欲望，因为"放任"恰恰是一种不自主或不自由的状况。这种自由主义要求个人对自身即刻的欲望、对社会流行的习俗都展开理性的批判反思，这包括对高级欲望和低级欲望的区别，并以长远的发展、幸福和道德尊严来对当下的欲望进行"强评价"（strong evaluation）；同时也强调了个人幸福与社会福祉的关联与一致性，从而倡导投身于公共生活（特别是社会正义与团结）以及致力于社会进步，并将此视为"人生意义"的重要组成部分……如是理解的自由主义，不是虚无主义的替身或同盟，恰恰相反，这是克服虚无主义的努力。

文明传统的"根基"隐喻

上文指出，恰当理解的基督教思想并不拒斥个人自由，而是要限制和引导个人自由，而恰当理解的自由主义强调个人自主性，但也反对任意的个人选择。这里我们似乎看到了基督教与自由主义兼容的一面（而当代中国的一些新儒家也试图探索儒家思想与自由主义的兼容性）。我们甚至可以说，面对现代性的处境，宗教与自由主义都提出了自己的价值标准与应对方式，并且彼此之间具有兼容的一面。然而，这种兼容性并不意味着它们提出了同等意义的价值标准。实际上，两者的价值标准具有不同的性质，也会造成不同的实践后果。直白地说，自由主义的价值标准，即便承认它是某种标准，似乎总是让人感觉过于单薄，过于脆弱，过于松散，过于不稳定，以至于在更严格的意义上称不上是一种标准，这就是为什么我们一般不会用"无根的"（rootless）这个词来形容基督教、儒家或伊斯兰文明，而以此来形容自由主义似乎是恰当的，至少并不让人感到荒谬。追究起来，这大概有两个主要原因，分别是历史的和哲学的。

首先，几大轴心文明都延续了两千多年，显然有其悠久的历史渊源。其次，这些文明传统（在其思想最深处）都主张了某种超越（验）性的真理——既是认知的（宇宙论）又是道德的（价值论）。这些真理主张因其形而上的超验品格，在原则上无法被任何形而下的经验所动摇，成为各自文明传统的坚实基础。也就是说，每一种轴心文明都有其深厚的历史根源与坚实的思想根基。以此反观自由主义，就会发现相当不同的情形。自由主义兴起于欧洲的世俗化时代，不仅历史不够久远（至多不过四百年），而且明确地源自基督教文明传统，因此就历史渊源来说，自由主义是派生性的（derivative）而非源生性的（original），似乎无法成为一种"根基"。再次，在哲学层面上，自由主义的认识论和价值观实质上都是"以人为本"的，是一种泰勒所说的"自足的人本主义"（self-sufficing humanism），甚至是"独占性的人本主义"（exclusive humanism）——"不接受任何超越人类繁荣的终极目标，也不拥戴任何外在于这种繁荣的事物"。[1]这是一种内在的（immanent）而非超越的（transcendent）哲学，诉诸人的理性以及基于理性的自主性原则。简言之，自由主义的历史过短，而且具有明确的派生性，其哲学放弃（若非完全否定）任何外在于人的超越性存在基础。正是在这两个意义上，自由主义容易被视为"无根的"。

那么，为什么根基如此重要？为什么自由主义（或任何一种思想传统）必须立足于某种具有历史源生性以及哲学超越性的"根基"？一个似乎显而易见的回应是：没有根基的事物是不可靠的、脆弱的、不确定的，最终是不可存活的。但是，究竟什么才能被当作可靠而确定的"根基"？为什么（比如康德主张的）人的理性以及善良意志观念不可以胜任担当这样的"根基"？因为人们可以继续追问：人的理性从何而来？善良意志又从何而来？对于这样的追问，可能存在不同的回应。独占性人本主义的信奉者可能断然否定这种追问的正当性，人的理性与善良意志就是终极性的，实际上不存在一个更为形而上的基础，而各种形而上的基础观念（无论是柏拉图的"理念/相"，儒家的"天道"还是基督教的上帝）恰恰是人自己的发明或建构。也有人会采取不可知论的回答，理性与善良意志基于不可知的"自在之物"；还有人倾向于接受一个明确的答案"这是与生俱来（自然）的"或者"上帝赋予的"。对基督教徒而言，上帝是始源的和超越

---

[1] Charles Taylor, *A Secular Age* (Harvard University Press, 2007), p.18.

的，而人的理性和善良意志是派生的和内在的，只有前者才能作为后者的基础。

但若再进一步追问：上帝存在吗？我们又何以知道？对此终极性的追问，人们并没有共同一致的答案，始终存在着不同的（肯定的、否定的以及不可知论的）回答，取决于各自不同的信仰立场。而信仰在根本上不是理性能够证实或否证的。理性对接近信仰或许会有帮助，但最终信仰的确立还需要理性之外的东西，需要克尔恺郭尔的所谓"纵身一跃"。

如果我们还未能确定是否存在"彼岸"或我们能否抵达，纵身一跃是一种冒险；但如果我们能够确信，这纵身一跃将使我们获得拯救，并赋予生活终极意义上的可靠性与确定性。这不是说生命就此安顿，而是说在哪怕艰险的旅途中，我们是有指南可循，有归宿可去的。而留守"此岸"也是另一种冒险，因为我们除了人类自身，无可依靠。但如果你相信"彼岸"并不存在，或者，即使存在我们也不可知或不可企及，而此岸就是我们仅有的存在之地，我们只能立足于此岸，立足于人类自身以及周遭可见的大自然。这是我们全部价值的来源，虽然总是不够确定可靠，却是我们唯一可能的资源。由此，我们获得了另一种确定性——放弃幻想所带来的确定性，并以此与世界的不确定共存。自由主义同时对这两种可能性开放，并可以形成"无根的"（放弃超越信念）、"独根的"（坚持一种超越信仰）和"多根的"（基于多种文明传统的结合）自由主义。它们各自都为人的生活提供了某种标准或答案，也都有各自不同的局限和困难。

那么什么才算是"标准"或"答案"？没有根基的答案会是确定可靠的吗？"根基"是一种隐喻。隐喻作为一种人类认知的原型范畴具有不可替代的语义功用，但所有特定的隐喻方式都同时具有阐明与遮蔽的效应。尼采说："一个变得凝固和僵硬的隐喻完全确保不了任何关于其必然性和独一合理性的东西。"[1] 就我们讨论的议题而言，"根基"之说是以植物或建筑的方式来构想一种文化或思想传统，将其比附为"一棵大树"或"一幢大厦"，而"根基"（root 或 foundation）是确保其可靠稳定的先决条件。但前文的辨析试图阐明：无论是历史的源生性还是哲学的超验性，都不能确保一种思想信念的可靠与确定。某种特定的信仰只有对其信仰者而言，才具有"根基"这个隐喻所蕴含的那种可靠性和确定性。对宗教信徒是如此，对自足的人本主义信奉者也是如此。这个主张不必依托（非常有争议的）相对主义的立场，而是对"合理分歧"或"多元主义事实"的现象学描述。[2]

我们也可以换一种隐喻的方式。思想史的考证表明，自由主义无疑是基督教的儿子，带有基督教文明的血脉（基因）。但他已经开始成为一个独立的生命，在大地上行走，甚至远渡重洋来到异乡，他受

---

[1] 译自 Daniel Breazeale: "But the hardening and congealing of a metaphor guarantees absolutely nothing concerning its necessity and exclusive justification." Nietzsche, "On Truth and Lies in a Nonmoral Sense" (1873), in *The Nietzsche Reader*, edited by Keith Ansell Pearson and Duncan Large (Malden, Blackwell, 2006), p.120.

[2] 严格意义上的相对主义是一个很强的形而上学宣称。简要地说，它主张不存在任何普遍的认知或/和价值的真理（真相），所有真理（真相）都只相对于特定（历史、文化或个人）的语境而言。这种相对主义的主张实际上假定：它确切地知道在超语境的层面不存在真理，但这本身是一个超语境的形而上学判断。因此，（至少强版本的）相对主义具有内在不融贯的嫌疑。而本文作者持一种"后形而上学的"立场，指出"根基"的可靠性与确定性之"效应"（effect）不是普遍的而是相对的，这并不涉及形而上学层面上是否存在普遍真理的争议。换言之，这一事实的观察判断可以兼容于形而上学层面的多种主张，包括实在论、不可知论和相对主义。

到的欢迎与诋毁一样多。那么，他究竟是一个什么样的儿子？在各种关于自由主义的考察中，我们看到了他多种不同的形象，以及（同样多的）对他应该如何的告诫与期望：效忠虔敬的儿子，叛逆出走的儿子，特立独行的儿子，自作主张的儿子，绝情弑父的儿子，投靠近邻的儿子，也还有迷途知返回到父亲怀抱的儿子……

这是一个祛魅的时代。无论再魅化（re-enchantment）的风暴如何强劲，在未来很长一段时间里，我们将会见证许许多多不同的儿子。是的，确切地说，自由主义不是基督教的独子，而是性格各异的一群兄弟。他们各有自己的伟大与不幸。而在血脉相连的意义上，这也是基督教文明的伟大与不幸。

自由主义及其不满

在当今中国大陆的思想状况中，自由主义的处境相当奇特。在许多论者笔下，自由主义被指称为"主流意识形态"，而在另一些评论中，自由主义似乎从来位居"被压制的边缘"。这虽然与"自由主义"概念本身的歧义有关，但也反映出不同论者所持的立场与阐释角度的差异。就我个人的观察而言，自由主义在思想界的声誉发生了相当大的变化。在20多年前，一个"自由主义者"很可能被看作一名敏锐而勇敢的"前卫思想者"，会博得许多共鸣和赞赏。而在今天——在自由主义据说是"浮出水面"多年之后的今天，如果你仍然宣称自己是一个自由主义者，那么很可能会遭到鄙夷和讥讽。因为在不少人看来，自由主义者是知识和道德双重意义上的"嫌疑分子"。就知识学理而言，自由主义者常常被等同于天真的现代化论者、幼稚的发展主义者，或者浅薄的权利至上的原子化个人主义者，大概既没有经过各种激进的批判理论的洗礼，也未曾受到深刻的保守主义思想的熏陶。而在道德上，自由主义的主张似乎意味着崇尚"没有良心"的市场资本主义，无视经济平等和社会正义，涉嫌与权贵精英的宰制合谋，为资本主义的全球化背书。这种描述多少有些夸张，当然也不能代表自由主义在中国的全面形象，但也反映出大陆思想界变化的某些重要特征。曾几何时，后"文革"时代的"新启蒙运动"源自某种自由主义共识而兴起。而20多年之后，"自由主义"在大陆思想界（特别在知识青年中）近乎是一个"污名"。这个具有反讽意味的转变不是很值得深思吗？

自由主义思想在中国大陆的兴起发生在"文革"结束之后，当时思想界面对的是"中国向何处去？"以及"人应当如何生活？"等重大的根本性问题的挑战。在1980年的"新启蒙叙事"中，以"现代化"为关键词的（后来被看作基本上是"自由主义"的）论述似乎提供了一套整全性（comprehensive）的方案，成为当时思想界的主流共识。"重大的根本性问题"似乎有了明确的回答：中国要走向现代化，人应该过一种"现代人"的生活。我们的目标似乎已经明确清楚，剩下的只是路径问题，只是"如何走向现代化"的问题。[1]但到了1992年之后，在整个社会经受了"市场经济"大潮的冲击之后，重大的问题重新出现，但答案不再是明确清晰的了。思想界"启蒙阵营"的分裂、各种思潮的竞争、自由主义与新左派的争论等，使得所有原有的答案都遭到了新的质疑。"走向现代化"的社会目标不再是自明正当的，"现代人"的生活也并不意味理想的人生，而可能是精神无所依归、迷茫失落的生活。现代化的理想高歌转而变成了"现代性问题"——现代化意味着什么？自由民主的制度框架对于中国是

---

[1]虽然在20世纪80年代，人文思想已经开始引介一些对"现代性"予以质疑批判的西方思潮（例如，最有影响的是尼采与海德格尔的著作），但对整个思想界而言，这只是"潜流"，只是留给未来思想分化和冲突的历史"伏笔"。

可欲的吗？"现代人"的生活是一种"好生活"吗？所有这些疑问与忧虑都有切身感受的经验依据。我们似乎重新回到了"中国向何处去？""人应该如何生活？"等重大的根本性的问题。

如何理解20世纪80年代自由主义共识的破灭？当时的"现代化"论述与自由主义思想究竟具有怎样的关系？重新回到对现代性的批判反思是否意味着宣告自由主义方案的破产？或者说，在面对中国的重大现实问题的挑战面前，自由主义是否不再是一个可欲的备选方案？要清理这些问题，涉及复杂的理论分析与经验考察。本文试图阐述两个主要的观点。首先，在社会政治层面上，中国的"现代化"论述只是在某种特定的意义上与某些特定的自由主义策略相联系，因此，"现代化"方案遭遇到严峻问题，并不意味着自由主义陷入全面的危机。其次，现代自由主义具有将政治与人生分离割裂的倾向，这造成了许多理论与现实的困扰，遭到了特别是来自文化保守主义的批评。对此，自由主义者应当予以认真对待，但若要以"整全性的自由主义学说"作为响应，或许不是一个可行与可欲的选择。

自由主义与现代化方案

中国思想界在20世纪90年代后期发生了所谓"自由主义共识的破裂"，这不是单纯的理论分歧，而是被种种严峻的现实所引发和激化。以"市场经济"为导向的现代化规划在20世纪90年代之后遭遇了许多新的问题，其中最为严重的是贫富分化的加剧，导致了公众的普遍忧虑与不满，社会公正问题成为思想界一个关切的焦点，引起了越来越多的反省与争议。那么，我们是否（或者在什么意义上）能够推论说，中国改革发展遭遇的问题，实际上暴露了自由主义作为一种社会政治安排方案的弊端或内在困境？由此，我们能否进一步推论说，自由主义对于回答"中国向何处去"的问题不再是值得重视和借鉴的思想资源？从论证逻辑上说，这两个推论必须在以下两个假定前提之下才可能成立。对第一个推论来说，必须预设中国的改革方案的确是一种典型的自由主义社会政治安排；对第二个推论来说，必须预设目前的这种社会政治安排是自由主义思想能够对中国提供的最佳方案。我认为，这两个前提都不能成立。

但是，我并不完全赞同某些自由主义论者在相关争论中所坚持的一种主张，即中国改革进程中出现的问题，在根本上说是改革之前旧体制造成的"历史遗留问题"，而现代化、经济发展、私有产权和市场经济等自由主义的主张本身都是可欲的目标，只是因为在旧体制的权力阴影之下这些主张未能充分实现，才造成了诸多严重的问题。于是，问题是中国历史造成的，自由主义是"清白无辜的"，而出路在于更进一步地彻底"自由化"。这种简单化的"自由派论点"遭到了（特别是来自左翼知识分子的）严厉抨击，而在最为极端的批评反应中，出现了一种"倒置"的简单化论点：我们原有的体制与历史实践都是正当的，问题都是"自由主义惹的祸"，而出路首先在于摆脱自由主义的"精神污染"。这样两种极端对立的论述之间可能发生格外"热闹"的争论，但类似的争论往往陷于意识形态的立场之争，对于推进理论认识和现实思考都没有多少有益的帮助。

在理论上，这两种观点虽然针锋相对，却共同默认了一种对自由主义的理解——自由主义的社会政治主张就等同于"基于线性历史观的现代化",等同于单纯的经济发展,等同于轻视或无视平等的私有制,等同于放任资本主义市场经济,诸如此类——一种在学理上简单甚至粗鄙的自由主义版本。就实践意义而言,这类版本的自由主义主张,当然会在经济平等和社会公正等问题上遭到正当的质疑。但问题是,这类版本的自由主义表述,究竟是不是对自由主义的恰当阐述?自由主义思想本身是相当丰富与复杂的,因此要充分讨论并正面回答"什么是自由主义"这样的问题极为困难。但就本文的目的而言,我们只试图做出某种有限的(否定性)论证,即任何忽视平等和公正的社会政治方案一定违背了自由主义的核心原则,或者说,任何无视平等原则的主张都称不上是自由主义的社会政治方案。在最一般的意义上,自由主义理论所主张的"自由",作为一种普世性原则,必须是对所有人"平等的自由",这是自由主义的核心理念,对于以罗尔斯等为代表的"现代自由主义"是如此,甚至对于(恰当阐释的)以哈耶克等为代表的"古典自由主义"也是如此。[1]

德沃金以"自由主义"为标题的一篇阐述,对本文所讨论的问题

---

[1] 在流行的阐述中,古典自由主义往往被认为"重视自由而轻视平等",并因此遭到道德指责。虽然我个人感到现代(左翼)自由主义与中国的状况更为切近,但必须指出,对古典自由主义的道德指控未必公允。西方学界近年来有许多学者指出,这种道德谴责是基于相当严重的误解。他们试图阐明,古典自由主义与现代自由主义在道德目标上是一致的,都诉诸个人平等的自由,而且都认识到只有空洞的权利或消极自由是不够的,必须有基本的物质经济手段来实现平等的自由。就社会政治安排而言,古典与现代这两种自由主义的分歧只是在于,以何种方式达成共享的道德目标最为有效(参见Loren Lomasky, "Liberty and Welfare Goods: Reflections on Clashing Liberalism," *The Journal of Ethics* 4: 99-113, 2000)。中国公共知识界对类似的学术讨论既不敏感也不予理会,而所谓"左翼自由至上论"(left-libertarianism)以及"自由至上论的社会主义"(libertarian socialism)之类的学说,几乎不在我们的视野之中。

具有相当的启发意义。[1]德沃金曾指出，某种特定的平等观念，他称之为"自由的平等观念"，是自由主义的核心原则，也是自由主义区别于其他政治思想派别的主要标志。要做出这个论证，他必须面对两个困难的问题。首先，是否存在"具有真实而一致的政治道德"的自由主义？这本身就是一个前提性的问题。自由主义曾被用来描述（西方自18世纪以来）多种不同的政治立场和派别，而在这些形形色色的自由主义派别之间，似乎难以辨析某种共同或相似的重要原则，这就意味着自由主义可能是各种各样的临时性政治联盟。对此，德沃金提出了一个论辩思路。他认为任何一种社会政治方案都包含两种要素："构成性的"原则和"派生性的"原则。构成性原则因其本身而具有价值（valued for their own sake），而派生性原则——作为实现构成性原则的手段——只具有策略性的价值（valued as strategies）。就自由主义的社会政治方案来说，他认为存在着贯穿一致的构成性道德原则，这就是"自由的平等原则"。自由主义的社会政治主张之所以在实践中表现出形形色色的差异，是策略性问题的分歧。也就是说，针对不同的现实情景，自由主义者对究竟以何种（派生性的）手段才能最有效地服务于"自由的平等"这一问题有不同的选择。

德沃金特别考察了美国各种政治力量对于经济增长问题的争论，这与中国当下的状况有很大的相关性。他指出，自由主义的批评者经常指责自由主义的所谓"增长心态"（growth mentality）。其理由是自由派致力于经济增长，并且将"为增长而增长"的追求作为可欲

---

[1]以下段落对德沃金观点的引述和重构，主要依据其《自由主义》一文。见Ronald Dworkin, "Liberalism", *A Matter of Principle* (Cambridge, Harvard University Press, 1985), chapter 8.

的生活形式。这种生活强调竞争、个人主义和物质满足。美国历史上也的确有一些被视为典型自由派的政治家强调经济增长。但问题是，经济增长究竟是不是自由主义的构成性原则？如是，那么一些自由主义者面对"片面强调经济增长"所造成的种种弊端，可能会质疑"经济增长理念"，进而可能会对自由主义本身感到幻灭，就会导致"自由主义共识的破裂"。但是，如果经济增长本身并不是自由主义的构成性原则，而只是一个派生性的策略，一个为了追求经济平等的目标而采用的（可商讨、可辩论、可调整也可改变的）策略，那么情况就大不相同。自由主义者可以对"经济增长"问题持有严重分歧立场，但未必会因此而发生根本的分裂或陷入全面危机。

德沃金详细论证了为什么自由主义在许多情况下会支持市场经济的方案：这不是出于"效益原则"（由于市场能创造高效益），而是出于"平等原则"（因为市场经济比单纯的计划经济能更为平等地对待各种不同的生活选择）。也正是由于同样的原因，当"市场"威胁到平等的时候，自由主义主张对市场做出规划和限制，甚至在某些情况下可以支持"市场与社会主义"结合的某种混合经济。因为市场经济本身并不是自由主义的构成性原则，而是派生性原则。这对于中国的自由主义者的启发是，在什么程度上对市场经济予以何种程度的支持、施加何种限制，都不应当是一个教条性的原则，而是一个针对具体条件和状况的可争辩的派生性策略。

德沃金面对的另一个难题是，自由主义的社会政治实践在历史上的记录是复杂多样的。它曾积极推动革命性的"历史进步"，包括政教分离，普选制度与政治民主，保障和维护基本人权和言论自由，以及主张男女平等和种族平等。但是，自由主义的政治方案也曾与（国内与国际范围的）资本主义剥削，与战争罪恶、与帝国主义的压迫有着或明或暗的关系。如何在这些复杂的历史现象中辨析"自由主义的核心理念"？对此，德沃金的论证思路是审慎的。他指出，对于自由主义核心原则的辨析固然离不开对历史的考察，但必须结合某种理论假设或哲学分析。如果某种观念的确是自由主义的构成性原则，那么它必须满足几个理论上的条件，其中包括"真实性条件"（人们真的持有这样的原则），"完整性条件"（这个构成性原则能够与整个自由主义的政治方案清晰地联系在一起），"独特性条件"（得以区别其他政治道德立场），以及"普遍简洁性条件"（足够抽象而具有广泛性）。德沃金细致讨论了"自由的平等观念"为何能够通过以上几个条件的检验，而得以成为自由主义的构成性原则。同时，他辨析美国政治谱系中各种（自由主义的、保守主义的与激进主义的）平等观念之间的区别，进一步来阐明自由的平等观念的特征。

平等并不是自由主义独有的政治理想。激进主义当然关切平等，而保守主义也具有自己的平等观念。那么所谓"自由主义的平等观念"特点何在？在德沃金的分析中，平等理念被表达为两个原则：第一个原则要求政府将其所有公民"作为平等的人"来对待；第二个原则要求政府"平等地"对待所有的公民。第一个原则是资格权利意义上的平等，德沃金认为这是更为根本性的平等，而保守主义与自由主义同样重视这个意义的平等。第二个原则是资源与机会分配意义上的平等，自由主义比保守主义更加重视第二种平等。一般地说，当自由与平等发生冲突的时候，自由主义与保守主义相比，更强调平等甚于自由，而与激进主义相比，更强调自由甚于平等，这使得自由主义处于政治谱系的两极之间。这是"自由的平等观念"的一个特征。但是自由主义的平等观念还有另一个特征，那就是平等地对待各种"良善生活"（good life）的理念，这常常被表达为自由主义的"中立性原则"。以中立性为标志的平等乃是自由主义所特有的，而为保守主义与激进主义所疏忽，因为保守主义与激进主义往往都在社会政治安排中，偏向某种特定的生活伦理观念。

以德沃金的论述为例，我试图就自由主义"无视平等"的指责做出一定的响应。以"自由的平等观念"作为构成性原则的政治自由主义，并不是一套崇尚"市场神话"或"发展主义"的教条，而是可以与其他（包括中国社会主义革命所诉求的）平等与自由理想建立对话关系的思想学说。如此理解的自由主义，作为一种社会政治安排，对于中国现代化进程中出现的危及经济平等与社会公正等问题，不是持道德可疑的"代价论"立场，而恰恰能提供有力的建设性批判。

自由主义与现代人的生活伦理

对20世纪60年代出生的我们这一代人来说，人格形成期正好发生在"文革"之后的"思想启蒙"时代。我们的精神成长深深地纠缠于对"重大的根本性问题"的关切。当时伴随着关于改革开放和中国现代化的热烈讨论，同样有关于"人生意义"的大讨论。我们清楚地记得，1980年《中国青年》杂志刊登署名"潘晓"的一封读者来信，提出"人生的路为什么越走越窄？"的问题，对"文革"时期提倡的"毫不利己、专门利人"的人生观提出质疑。《中国青年》杂志共收到6万封读者来信，发表了30多篇文章，讨论持续了8个月之久。自此之后，中国大陆的公共领域中再也没有发生过影响如此深远的人生观大讨论。进入20世纪90年代之后，不知不觉地，人生意义问题变成了个人的"私事"。

值得指出的是，对我们这一代人来说，当时"中国向何处去？"以及"人应当如何生活？"这两个重大问题是密切关联、不可分割的。用学术语言来说，这是一种"整全性"的思考，也期待一种整全性的答案。这种整全性倾向不只是由于人格成长对于"认同一致性"的需要，更为深刻的原因或许在于，无论是中国传统的儒家思想，还是1949年之后国家意识形态的论述，都提供了一套"政治/人生"一体化的整全性论述。在我们接受的正统教育中，马克思主义既是世界史、历史观、社会政治观，同时也是人生观。因此，当旧有的整全性论述发生危机的时候，其具体内容可能不再被人轻易接受，但其整全性的论述结构仍然发生着潜在的影响，对任何试图取而代之的后继方案都施加了一种压力：如果一个替代性论述没有提供对于政治和人生的整全性答案，似乎终归难以令人满足。

对自由主义的一部分不满，正是由于自由主义的晚近发展有越来越明显的"政治的而非形而上学"的取向，似乎将人生价值问题变成个人"自由选择"的私事。自由主义的现代人似乎陷于无所依归而茫然失措。在这种背景下，中国和西方的保守主义思潮开始了某种复兴。将公共政治生活与个人伦理生活做截然的二分当然出现了许多问题。但在反省这些问题之前，我们仍然需要对相反的立场予以清醒的认识：一个将公共生活与私人生活整合一体的现代社会是可能以及可欲的吗？一个学者可能会倾向于认同亚里士多德的观点，认为沉思的生活是最好的生活。但对于那些认为下班之后坐在电视机前喝着啤酒乃是最高享受（并相信"这才是生活！"）的人们，应该怎么办？应当对他们实施"思想改造"吗？应当剥夺他们的特定"好生活"观念的正当性吗？面对价值多元的现代性压力——自由主义对此最为敏感——自由主义作为一种普世性的主张，可能不得不是"政治自由主义"。

西方学术界对自由主义的政治与伦理的分离问题有相当多的讨论，在这组笔谈文章中也有所反映。但是，这些讨论的主要论题仍然是政治的，而不是伦理的。大多数文献探讨的是"政治自由主义"是否暗藏了自身的伦理预设，或者，离开了任何特定的关于"好生活"的价值理想，政治自由主义是否能够证成。比如，自由主义的"中立性原则"常常遭到批评：许多人认为自由主义的中立性是对一切价值都不置可否的怀疑主义，或者，本身主张了某种特定的价值而不可能保持中立，从而陷入自相矛盾。德沃金认为这些批评是难以成立的。他指出，自由主义并不是怀疑主义，因为它有明确的构成性原则（"自由的平等原则"），主张所有的人应当被平等地对待，这本身肯认了一种价值。同时，自由主义不是自相矛盾的，因为中立性原则是自由主义的政治正义原则，不是其个人生活伦理原则，作为政治社会原则，它不依赖于对任何特定生活方式的偏好。但由此看来，德沃金仍然是在政治哲学的层面上来响应这些质疑的。他试图将中立性原则放在政治的两层意义上来处理：自由主义作为一种政治道德主张本身并不是"中立的"，因为"自由的平等观念"是一种价值肯认，是与其他政治道德相区别甚至相竞争的。而所谓"中立性"，是指自由主义的政治道德在面对各种生活伦理时的"一视同仁"。

但是自由主义没有自己的伦理学吗？当然不是。自由主义的思想史上有很强劲的伦理主张（甚至诉诸宗教性的信念）。但也正是由于其伦理维度中"反对强制"、倡导"自由宽容"和对个人自主性和个性多样化的尊重等要求，自由主义才会在多元性压力下，退守到政治自由主义——试图以可能达成的"最薄"的共识来维持其普世有效性。它"付出的代价"是在公共生活中放弃了整全性的自由主义，但同时也获得了其他伦理生活与政治自由主义相结合的可能。如果我们生活的世界，不只是有（既是伦理的又是政治的）自由主义者，还有"儒家自由主义者""基督教自由主义者"，甚至"伊斯兰教自由主义者"，在公共生活中分享政治自由主义的重叠共识，而在个人世界中保持自己独特的伦理生活方式。那么，对自由主义者来说，还有什么比这个近乎乌托邦的世界更好的世界呢？

价值多元的现代性压力并不是自由主义所独有的。所有整全性的思想学说都同样面对这个压力。在这个意义上，文化保守主义并不比自由主义更具有优势。如果在这种压力下，我们不得不接受公共生活与私人生活的某种分离，那么"整全性的自由主义"不是一个可欲的选项。因为这意味着强迫所有的人都遵从与自由主义的伦理生活。而"强迫"恰恰违背了自由主义的伦理原则。在我看来，"自由主义的现代人"在个人生活世界中，也仍然可以从自由主义的伦理传统（比如至善论传统）中，发展出强劲而富有意义的人生价值。但这是"对己不对人的"选择。或许，当今的自由主义者可能与可欲的作为就是"内外有别"：对人"政治自由主义"，对己"伦理自由主义"。

寻求共建的普遍性

——从天下理想到新世界主义[1]

天下观的衰落

中国的崛起正在塑造着世界的格局，这同时带来了新的机遇和挑战，引发了许多值得探索的重大问题。人们越来越关注崛起的中国，尤其是中国对世界秩序的想象，会给东亚和世界政治带来怎样的影响。近年来，中国的"天下"观念受到许多国际政治与中国研究学者的关注。对此，赵汀阳教授的学术努力尤为突出。他将"天下"视为中国独特的世界观念，认为它要比（西方的）以民族国家和国家间关系为核心的世界观念更具有开放性和包容性，因此也是最为优越的世

---

[1] 本文系国家社科基金重大项目"现阶段我国社会大众精神文化生活调查研究"（项目编号12&ZD012）的子课题"外来文化对我国大众精神文化影响的现状与趋势"的阶段成果。

界观念的范式。[1]然而，中国传统的天下理想为什么在现代衰落了？中国的世界想象中那些"兼容并蓄""和而不同"与"求同存异"等卓越的理念为什么会被近代以来的排外主义、敌视他者的立场所侵蚀，甚至被复仇主义和进攻性的民族主义情绪所挟持？这是令人深思的问题。

对此，一个教科书式的标准答案是：这是近代以来西方（以及日本）的野蛮入侵造成的，是列强的坚船利炮摧毁了中国的传统社会结构，也瓦解了"天下"这一中国的世界想象。这个解释当然包含部分真相，但仍然有一个未解之谜：在中国漫长的历史上，西方既不是第一个，也不是最强大（就占领的广度而言）的入侵者，为什么在元朝和清朝的"异族"统治下，中国文明仍然能保持自身的完整性，天下想象与华夷之辨仍然能支持中国人的自我理解和世界想象，而到了晚清，西方的冲击却是如此深刻与久远，以至于被视为"三千年未有之变局"？

晚清的一些洋务派儒士当时就提出了一种见解：现代西方的力量是一个全新的"外来者"，它不是以往华夏熟知的"蛮夷"，而是另一种不同的文明，而且是天下难以同化的文明。郭嵩焘是持这种观点的代表人物之一，他在出访欧洲的见闻中体会到，"西洋立国二千年，政教修明"，欧洲民族"具有本末"[2]。正如J.D.弗罗德舍姆

---

[1] 见赵汀阳所著的《天下体系》，南京：江苏教育出版社，2005年。对赵汀阳论述的主要批评见：William A. Callahan, "Chinese Visions of World Order: Post-hegemonic or a New Hegemony?" *International Studies Review* (2008) Vol. 10, pp.749-761.

[2] Shogo Suzuki, *Civilization and Empire: China and Japan's Encounter with European International Society* (London: Routledge, 2009), pp.94-95.

（J.D.Frodsham）所评论的那样，郭嵩焘的观点"具有一种革命性的含义，因为它断言，存在着一种与中国在道德上相当的文明，由此完全颠覆了中国文明优越的主张……赞赏西方文明的根基，就敲响了儒家世界秩序的丧钟"[1]。

的确，中华文明最为悠久和卓越的传统之一是兼容并包，格外擅长于安置、吸纳、收编和同化"外部"——将外部纳入华夏文明结构之内，或吸收融合，或置于华夷之辨的差异而一体化的秩序格局中。但是，天下体系不能想象一个真正的"外部"。因为"天下"是"All Under the Heaven"，应当无所不包。如果出现了可以在文明意义上与华夏中心相对峙的外部，"天就塌了"。近代西方恰恰是一个真正的外部。于是，导致了天下观的崩溃，这是"三千年未有之变局"的标志。

此后，中国进入了被西方列强主导的"民族国家的全球秩序"，被迫接受这个秩序的界定和改造。由此，华夏文明被迫穿上了民族国家的"紧身衣"，并开始学习现代化的舞蹈，试图成为一个强大的民族国家。白鲁恂（Lucian W. Pye）有一句名言："中国不只是民族家园中的又一个民族国家。中国是一个伪装成国家的文明。"[2]但历经一个半世纪的"伪装"，或许就弄假成真了。中国似乎已经转变为一个现代民族国家，已经忘记了自己曾是一个无所不包的天下文明。

---

[1] J.D.Frodsham, "Introduction", in *The First Chinese Embassy to the West* (Oxford, Clarendon Press, 1974), p.xlii. 转引自：Shogo Suzuki, *Civilization and Empire*, p.95.

[2] Lucian W. Pye, *The Spirit of Chinese Politics* (Cambridge, Harvard University Press, 1992), p.235.

或者，虽然仍然记得，但我们必须抛弃那个"前现代的"天下乌托邦，并接受这样一个悖谬性的现实：中国越是崛起，就越是远离天下主义，就越是"非中国化"。

中国的问题是，被近代以来的西方霸道塑造得如此之深，以夷制夷的历史，使中国人变得更像其对手而不是自己的祖先。当今，许多中国人的全球想象相当大的程度上受到民族国家框架的塑造，甚至西方人更强调"国家利益"和"实力政治"（realpolitik）。倘若如此，那么中国崛起的前景至多是在旧有的世界霸权秩序中成为（更换为）新的霸权者，而难以改变这个霸权秩序本身。

超越文明中心论：新世界主义的视野

当中国的明代皇帝看到了利玛窦带来的世界地图，已经开始意识到一个比原先想象得更广大的世界。而直到晚清，中国才真正遭遇了来自现代性的挑战，这是一种难以征服也不可归顺的另一种文明的挑战。整个20世纪的历史表明，任何一种由单一文明的自我中心论（egocentric）或自我优越论所主导的世界霸权，都隐含着自我毁灭的倾向。无论基于中国文明优越论，还是欧洲文明优越论，由此确立的霸权秩序都是不可持续的。因为这种霸权在实践中必将遭到新势力的不断挑战，在规范意义上会抵触和瓦解自身文明中可辩护的道德理想。从天下观衰败的历史中，我们可以获得重要教训，可能与日本以及西方帝国的衰败历史相似：文明的自我优越论往往导致自我覆灭，这是历史留给人类的共同思想遗产。

然而，拒绝文化优越论并不意味着否认各种文化都有自己的优势，可能对确立一个更好的未来世界做出贡献。而这个有待确立的世界秩序，是世界各个民族共同建立的，其背后的普遍主义价值基础不是先在的，也不是由某种优越的文化所界定的，而是在各种文化之间彼此学习和共同对话中创造和再造的。

这吸引我们再次思考世界主义的理论潜力。世界主义"cosmopolitanism"这个词，是由"cosmos"和"polis"两个词根组成的。cosmos意指"宇宙"整体的和谐秩序（不仅存于自然世界，也存于人的内心），这是一种普遍的秩序。但polis所指的城邦是区域性的。所以，cosmopolitan的含义既是普遍的又是地域性的。世界主义是由"普遍宇宙"（cosmos）和"地方性政体"（polis）共同构成的概念。[1]我们可以想象一种后启蒙的新世界主义，它抛弃了传统的目的论和形而上学的假设，将普遍性看作一种文化建构，由各种地方的普遍想象在彼此的学习与对话过程中"汇聚"而成，同时又受到地方相对性的约束。

中国文化的思想，如果汇入这种学习和对话的过程，也会对新的全球想象和世界秩序做出贡献。在这个意义上，在当代"复兴"天下理想，不是要重归过去的中华帝国秩序，而是要从华夏中心主义的困境中拯救天下理想中最值得继承和保留的成分。旧有的天下观念需要面对它没落的命运及其教训，改造自身来适应新的世界格局。而转向新世界主义或许正是天下理想在当代复兴的一种可能的希望。

---

[1] 参见Gerard Delanty, "The Cosmopolitan Imagination: Critical Cosmopolitanism and Social Theory", *The British Journal of Sociology* (2006) Vol. 57 Issue 1, p.26.

中国传统思想强调关系性自我理解，对此，童世骏曾有过相当有意味的阐释：

"仁"是儒家的核心概念，它是由"人"和"二"构成的。这也就是说，一个个体要想成为充分意义上的人，只有通过与其他人的互动……（这）意味着一个学习的过程，一个学习成为充分意义上的人的过程。[1]

这种关系性的自我理解可以延伸为一种关系性的文化观（the relational conception of culture）。将"关系性"视为文化本体论意义上的基本事实：是彼此影响的"诸文化"（而不是单一固化的文化）存在于世界。单独的文化共同体无法构成有意义的自身，也无法真正认识自身。文化只有在与外部的相逢遭遇中，通过发现相似与差异，并反思这些发现，才可能展开认识自己的过程，获得自我理解，不断澄清和调整内部从而达成自我同一性（认同）。

中国儒家传统以"和而不同"的方式对待差异，在最理想的解释中，这是一种平等尊重对待他者的方式。但旧有的天下观念中也有深刻歧视他者的倾向，以基于自我优越论的"教化"或"归顺"来对待差异。就此而言，旧有的天下观念需要接受民主文化的改造。新世界主义的全球想象一方面坚持平等尊重各个民族文化，另一方面，也要求由商谈产生的普遍伦理原则来限制极端的文化相对主义。那么，坚持文化平等的世界主义又如何可能主张以文明反对野蛮？在此，"华

---

[1] 童世骏：《中国思想与对话普遍主义》，陆丁译，《世界哲学》2006年第4期，第81页。

夷之辨"是一个核心的问题。实际上，华裔观念本身可以有多种不同的理解，它既可以依据地理和族裔来理解，也可以依据文化意义上的文明与野蛮来理解。后者可以走向一种具有超越性的辩证思想——一种不依赖地理与种族的普遍主义的文明与野蛮的概念，它可以被用来克服中国中心主义的"非我族类，其心必异"。

一种革命性阐释体现在9世纪初叶韩愈对《春秋》的解释之中："孔子作《春秋》曰，夷狄入中国，则中国之，中国入夷狄，则夷狄之。"根据朱维铮先生的解说，"他将夷夏的区分标准，由族类改作文化，说是华夏意味着先进文明，反之则是夷狄"，并指出，北宋怀有改革理想的文士，"愈来愈用较为平等的眼光看待属于夷狄的契丹，甚至承认夷狄从政治到道德都可胜过'中国'"。此后，历史学家大都倾向于接受韩愈的说法，以为夷夏之辨在文明而不在族类，乃至满清统治者也利用此说替自己的辩护，宣扬"夷狄而华夏则华夏之，华夏而夷狄则夷狄之"[1]。在这个意义上，文明是超越种族的，中国人曾经的文明甚至可以由其他人民（民族）发扬光大。

文化意义上的华夷之辨思想不仅具有克服华夏中心主义的内涵，也打开了中国文化自我转变的空间，它提供了一种对普遍性与地方性的辩证理解方式，使得新世界主义成为可能。任何一种文明（普遍主义的文化意识）都不是无中生有的，总是发源于某种特定的地方和人群，这也是我们需要守护特定文化的理由之一。但文明一旦创生，如果在文化遭遇的过程中影响到更广泛的人类实践，并得到发展，它就

---

[1] 朱维铮：《史学三题》，《复旦大学学报》2004年第3期，第11页。

不再依附于它的原产地,而成为人类共有的文明。这正是新世界主义所要求的跨文化的普遍主义。

在文化遭遇中寻求一个共建的世界

我们主张的新世界主义,基于批判性地继承天下观念中的开放与包容的要素,同时吸收西方学术界的相关研究。我们提出的全球想象,可以称之为"一个共建的世界"。它的根本主张在于:我们不只是共存于一个世界,而且是在共建一个世界,也只有在一个共建的世界中,我们才能和平与繁荣地共存。这个共建世界的规范秩序是基于建构主义的和跨文化的普遍主义规范性。

新世界主义的全球想象拒斥以本质主义的方式来理解特殊性和普遍性。英国社会学家杰拉德·德兰蒂(Gerard Delanty)的研究指出,文化总是处在相互遭遇的过程之中。以"遭遇"(encounter)的视野来看,文化既是关系性的,又是动态变化的。[1]这突出了文化的建构特征。这种关系性和建构性的文化想象,将文化"内部"与"外部"互动视为一个互相塑造的生成过程。文化共同体与"他者"的每一次新的遭遇都可能形成新的冲击或启发,发现新的参照和视域,并引导再次澄清和认识自我的过程。而新的自我理解有可能松动甚至瓦解原有的"融贯一致的自我",对自我同一性(认同)构成威

---

[1] Gerard Delanty, "Cultural diversity, democracy and the prospects of cosmopolitanism: a theory of cultural encounters", *The British Journal of Sociology* (2011) Vol. 62 Issue 4, p.640.

胁。这要求自我在面对外部挑战的情景中重新寻求新的同一性，而新的认同一旦形成，也就实现了一次"外部的内部化"，这将激发出文化的自我转变和创新的潜力。

文化自我转变的可能蕴含着跨文化普遍主义的可能。共建世界的规范性来自对话的普遍性。每个民族文化中都有普遍主义的世界想象，这是对一个世界的各自表述。但表述不是独白的宣言，而是一种对话，蕴含着相互影响和改变的可能，而不只是现存的自我理解和自我主张之间达成重叠共识。对话普遍性最终将超越所谓"重叠共识"。

狭隘理解的重叠共识，既是美好的又是虚弱的原则，因为人们在价值和信念方面能够获得交集（重叠）的部分，很可能在政治规范意义上是无关紧要的。而在最需要达成共识的领域——在政治秩序的原则与程序方面，可能恰恰无法出现重叠。目前许多应对差异性与同一性问题的流行论述（文化多元主义、跨民族主义、全球正义）都陷入类似的困境。新世界主义的"意识结构"具有内在的反思性特征，强调"自我问题化""向他者学习"以及"自我转变"的维度。而"文化多元主义"只要求承认多元文化的存在，以及各自存在的正当性，但彼此并不一定相互影响。新世界主义要求发生"某种程度的自我转变或社会转变"，作为与外部遭遇的结果，其中包括了规范性观念（诸如社会正义、民主、团结、繁荣与生存）的重新理解。

在这个意义上，我们应当以新的方式阐释中国传统思想中的"求同存异"以及"和而不同"的观念。重叠共识的真实含义不是保持各自既有的特殊性不被影响，只是在差异之间发现既有的共同性。"求同存异"中的"求"不应当被理解为"发现"共享的共同性，而是追求和创造可能的普遍性。"和而不同"的含义，意味着证成普遍主义规范的基础哲学（思想）来自不同的文化传统，可以各不相同。这同时也意味着，对于无法形成共识的差异性保持开放，既不急于消除这些差异，也不把这些差异看成永久固定的。

自"现代世界"兴起，特别是全球化时代的来临，各大文明已经发生了实质性的接触和渗透。因此，对任何政治共同体而言，外部以及结构性的外部，已经无处不在，无时不在。这也意味着，"遭遇"不仅是一个文化存在论的制约，而且已经成为日常的微观性的文化逻辑。但在当今的世界上，没有一个国家能够独自决定自己的全部特征，这是相互依赖，彼此影响的世界。现代性的后果之一，就是"外部"无处不在，成为渗透性的。外部的内在化意味着隔绝与抵御不再是克服多样性挑战的有效方式。文化的主体性，无论是个人还是群体，都面临着巨大的同一性的困难：我们作为主体总是处于内部与外部之间，与此同时也在"我们既成之所是"与"我们将要之所成"之间造成了张力。

我们理解的新世界主义是一个有待发展的、为一个更好的世界奠定基础的理论，它吸收但不局限于中国传统智慧，并借鉴西方的古典和现代思想，因为一个未来的更好的世界，它的理论和实践不只是共存的，也是共建的。中国与西方都有自身的特殊主义和超越地方性的普遍主义想象。但新世界主义寻求一种跨文化的普遍主义，这不可能在既有的某个文明内部找出一个现成的思想或传统，将它延伸和扩张到全球范围而达成。与此同时，各种民族文化也是这个共建世界共同的资源。中国传统文化不只是中国的思想资源，正如欧洲的理性主义和民主已经不只是西方的思想资源。在这个时代，我们处在同一文化地平线上。这不意味着我们进入了"同质化"的文化，而是意味着我们看得见别样的、同样丰富的风景，我们彼此看见。

在今天的时代，任何一个国家都很难在民族性的意义上来回答"认同问题"——"在政治意义上我们是谁？我们想要成为谁？"的问题。这个答案需要在世界性的遭遇情景中去寻求，或者（更确切地说）生成。遭遇的视野凸显了社会与民族发展的政治性。漠视与回避遭遇，是一种政治意义上的蒙昧，而积极面对遭遇则是一种政治自觉，这对于中国、日本和美国同样适用。在这种视野中，所谓"世界历史"并不是一种神秘精神实质（无论称之为理念、上帝、天道之类）的自我实现，而是个人意识、社会意识、民族意识对自身存在论的世界性处境的觉醒与自觉，并走向共同的觉醒。

超越全球化与民族主义的对立

在最近出现的"逆全球化"势态中,民族主义的思潮与情绪被视为反全球化的主要力量。然而,民族主义与全球化是势不两立吗?本文首先简要梳理近年来欧美反全球化倾向的形态与特点,由此阐明以民族主义对抗全球化的策略是有条件的,其抗拒效应也是有限的;其次,分析在身份认同问题上民族主义与全球主义的关系;最后对两者相互兼容的可能提出初步的构想。

作为社会运动的反全球化由来已久,至少可以追溯到1999年11月在西雅图举办世贸组织贸易部长会议期间爆发的抗议活动,此后类似的社会运动连绵不断,但支持这些抗议的基本理念是对资本主义的批判、对社会公平的呼吁以及环保主义的诉求等左翼思想。只是在最近两年,从英国公投"脱欧"到特朗普倡议"美国优先"等现象中,民族主义的情绪才被视为反全球化的力量凸显出来,但两者之间并不存在天然的联盟关系,因为全球化并没有造成以民族国家为整体的利害得失。经济学家布兰科·米兰诺维奇(Branko Milanovic)在其名著《全球不平等》中以有力证据指出,1988年以来,新一轮的全球化实际上缩小了国与国之间的贫富差距，但加剧了国内基于阶层的不平等。因此，新一波全球化的独特问题是在许多国家内部同时造成受益者与受挫者，我称之为全球化的"（国内）断层线"。也就是说，对于全球化的争端与分歧主要发生在每个国家内部，而不是在民族国家之间。就反对全球化的理念而言，在逻辑上更为相关的是"阶级"意识而不是民族意识。

那么，民族主义何以能够被"借用"成为反对全球化的力量？实际上，这种借用的政治有效性依赖于某些关联因素。最主要的原因之一是移民和难民的涌入，在恐怖主义袭击时而发生的情况下，这在一些欧美国家引起了安全困扰，同时也造成了对本地传统文化的冲击。在全球化过程中经济受挫、安全恐慌与文化不满的三种人群汇集合流，扩大了反全球化群体的规模，足以成为政客和党派在选举博弈中争夺的对象，并以捍卫民族利益的名义提出反全球化的议程。然而，民族主义诉求与反全球化之间的这种关联是偏颇的，因为在西方社会中同时存在大量的全球化支持者：他们是全球化经济的受惠者，是开放和多元文化的信奉者，也不相信移民与安全隐患之间存在证据可靠的因果关系。因此，全球化在欧美社会造成的是态度分裂与政治极化，而不是鲜明统一的民族利益与文化认同。那么，如何可能将反全球化这种高度争议的主张加诸整个国家？这无疑需要一种政治策略，需要建构一个否定多样性和异质性的"人民"来代表整个民族发言。而这正是民粹主义政治的特征——对"真正的人民"及其意志和利益的代表性垄断。特朗普的前首席战略师史蒂夫·班农（Steve Bannon）清楚地表明了这一点。他在离任白宫不久之后的一次长篇媒体访谈中坦言，在他与特朗普策划的选战策略中，最具有感召力的诉求是民粹主义与"经济民族主义"。"美国优先"以及"让美国再次伟大"的倡议恰恰是这两者的结合。

然而，民族主义用于对抗全球化的策略，其有效性是高度不稳定的，如果反全球化的诉求无法在民众当中形成主流共识，则必须借助民粹主义的动员，将反全球化"建构"为整体的民族利益。在实践中，这种策略在选举博弈中的成败记录具有高度的不确定性。英国脱欧的公投结果双方相差4个百分点，并没有一方获得压倒性多数。特朗普赢得了美国总统大选，但他获得的大众选票（popular votes）还相差对手希拉里2个百分点。今年法国总统大选中具有全球主义立场的马克隆在第二轮投票中，获得超过65%的选票，压倒了"国民阵线"领导人勒庞。在德国联邦议院选举中，默克尔的政治联盟获得了最大优势，虽然"另类选择党"（AfD）势力有所上升，但仍然位居第三。

民族主义与全球化之间的关系紧张，但并非不可调和。"经济民族主义"未必与全球化相抵触，中国就是一个明显的例证。中国在加入世界贸易组织（WTO）之后国民经济的迅速发展极大地受惠于全球化的进程，也为全球经济增长做出了贡献。在文化层面上，民族主义作为身份认同具有很强的感召力，以至于有不少人相信民族身份才是真实稳定的，而全球主义或者世界主义是非常虚幻的，无法作为可靠的身份认同资源，提供人们需要的归属感。但在我看来，这两种身份认同之间的对立，虽然具有现实的原因，但并不是凝固不变的。实际上，民族身份并不是"自古就有"的，也不是一成不变的。

对于民族身份的构成，学术界存在不同的理论解释，主要有三种观点：原生论（primordialism）、工具论（instrumentalism）和建构论（constructivism）。简单地说，原生论的观点认为，民族身份是给定的（given），是"先天的自然产物"，由共同的祖先、亲缘、血统、故土、家园、习俗、信仰和语言等这些无可更变的"原生"属性所确定。这种解释源自德国浪漫主义思潮（特别是费希特与赫尔德的论述）。但在二战之后，原生论遭遇了许多质疑和挑战，现在很少有学者坚持纯粹的原生论观点。在工具论者看来，民族身份（与其他族群身份一样）是政治实践的工具，是现代民族国家在领土边界内政治的特性，往往是政治精英在政治动员和权力竞争中操纵的工具。建构论者反对原生论的观点，认为身份认同不是自然给定的，而是"做成的"（made）或者说是建构的，但并不只是精英操控的结果，而是社会互动中的意义建构。民族身份是在民族国家条件下的一种自我理解方式，但这种身份认同并不是唯一的，也不是凝固的。

让我们来探讨法国思想家迈斯特的一段名言："在这世界上不存在'人'这种东西。在我的一生中，我见过法国人、意大利人、俄国人等，我甚至意识到（多亏了孟德斯鸠）一个人可以是波斯人。但至于'人'，我承认在我生命中从未遇见过。"这是相当典型的民族身份原生论的修辞，似乎有力地揭示了抽象之"人"的虚假性，坐实了民族身份的真实具体性。但这种修辞恰恰掩藏了一个事实：法国人、意大利人和德国人也是某种抽象的产物。一个建构论者完全可以借用迈斯特的修辞说：我见过四川人、上海人、北京人和湖南人，我甚至了解海南人，但我从未见过一个"中国人"。

人类最初都只是"部落人"，民族身份是现代的建构（今天在许多民族国家尚未成熟发展的地区，部落身份仍然远比民族身份更为"真实"）。与更为具体切近的家庭、宗族、社区和故乡认同相比，民族身份无疑是一种抽象的建构。既然如此，那么在逻辑上就无法排除这种抽象建构进一步上升，形成全球身份的可能。以建构主义的视角来看，民族主义与全球主义在身份构成上都不是"现成的"，而是"做成的"，因此，在理论逻辑上具有一致性。民族身份不具有"天然的真实"，全球身份也并非永远的"虚妄"。

当然，理论逻辑并不等同于实践逻辑。有效的身份建构与所有意义建构一样，并不能单纯依靠理念的任意构想来实现，而必须符合相应的社会实践。当人们的生活彻底困于家族和部落的时代，民族国家的认同是不可思议的。同样，如果日常的社会实践完全局限在民族国家内部，全球身份也至多只是少数理论家的奇思异想。今天，我们之所以能够有意义地谈论全球主义或世界主义，恰恰是因为全球化实践已经逐步地、越来越多地成为人们现实生活的一部分。当今世界，在物质与文化上与外界隔绝的"孤岛"已经不复存在，几乎所有国家都卷入了物资、信息、文化、资本和人员的跨国界流动。全球化已经变得现实而具体，正在影响人们的自我理解并改变其身份认同的结构。然而，全球化的影响在人群中的分布并不均匀。在欧美国家，教育水平较高、生活在大城市的年轻人更容易认同全球主义，而对其他许多人而言，民族国家内部的实践仍然是自我理解的主导部分，也更倾向于信奉民族主义。但这种非均衡的分布一直在逐渐改变，而且每个人的身份认同都是多重性的，不必在民族身份与全球认同之间做非此即彼的抉择。

近年来，民族主义在一些欧美国家出现了"令人惊讶"的复兴，但这并不意味着全球主义是虚幻的，而只是表明民族主义的普遍性和持久性被远远低估了，这主要是由于文化精英及其主导的媒体将自己的立场过度投射，造成了一种脱离现实的舆论错觉。我们需要一种更为现实主义的视野来把握民族主义与全球主义之间的关系。

在此，我们有必要探寻汉斯·摩根索被忽视的洞见。摩根索是现实主义国际政治的奠基者，在其经典著作《（民族）国家间的政治》（*Politics among Nations*）中，有一句被反复引用的名言："永久和平是不可能的，除非有世界国家（政府）。"但读者大多只记住了前半句话，并就此断定"冲突是世界政治的本质"，因为我们会想当然地假定"世界政府"不可能出现。然而，这并不是摩根索的本意，否则，他不会专门在第九部分用两章来讨论"世界国家"（world state）和"世界共同体"。摩根索实际上是在思考建立世界国家的可能性条件，他为此参照分析了三个跨民族政体的原型：罗马帝国、瑞典和美国。他的结论是，罗马帝国通过征服来建立世界秩序的模式在现代已经不再可行，而瑞典（这个由说四种语言的22个民族，经过一两百年的分分合合最终组成的政治联合体）是偶然的地缘政治的产物，也不可仿效。在摩根索看来，只有美国具有可资参考的价值，而美国模式的特征在于"美国人民在建立政府之前已经形成了一个共同社会"。因此，他主张，建立世界国家的前提条件是形成"世界社会"，为此，他展开分析了如何通过联合国教科文组织以及其他国际机构发挥文化融合与功能协调的作用，提供"不同国家人民对共享的共同需要的满足"，为形成"世界共同体"建立基础。

摩根索这部名著的初版发表于1948年。在70年之后的今天，"世界共同体"还没有成为现实，但已经不再是完全不可想象的。无论在经济繁荣，文化交流与发展，文明对话与和平，还是在应对贫穷，人道危机与疾病传播，全球气候与环境治理，以及防范恐怖主义威胁等方面，不同国家的人民的确有着越来越丰富的共同需要。人类面对着许多无法在单一民族国家中解决的问题与期望实现的目标。作为一种理想愿景的"人类命运共同体"已经具备了现实的必要性与可能性基础。也许谈论"世界国家"仍然为时过早，但全球治理已经提上议事日程。这并不意味着民族国家已经过时，或不再重要。全球化的进程也并不要求越过或绕过民族国家而完全可能基于和经由民族国家来推进。由此，我们可以同时具有民族身份和全球身份。在这个意义上，我们有可能克服与超越民族主义与全球主义之间的对立。

西方社会的政治极化及其对自由民主制的挑战

近年来,西方社会的政治局势动荡不安,其中一个引人注目的现象是日益严重的政治极化(political polarization),突出体现在2016年英国围绕着"脱欧"问题的激烈争议,体现在美国总统选举的白热化竞争。欧美国家的民众在经济全球化、移民与难民,以及族群差异等问题上,出现了严重的意见纷争,甚至难以调和的立场分歧。许多政治家与知识分子为此深感忧虑,媒体政论中"危机"与"崩溃"的字眼屡见不鲜。

在西方主流的政治理论中,许多学者都承认自由主义民主政体存在着各种局限,但大多相信其突出的优势之一,在于应对现代性条件下的多元主义事实,在于能够以统一的政治原则框架有效地包容并安置现代社会的多样性差异。如果当前西方社会的政治极化难以缓和,甚至不断恶化,有可能突破现存政体能够吸收和容纳的有效范围,那么言称"自由民主体制的危机"就不再是危言耸听的修辞。就此而言,政治极化是西方政治面临的一个严峻挑战,这是一个深刻的政治理论问题,也具有重要的实践相关性。本文试图针对当前西方(主要是美国）社会政治极化的新特点，着眼于考察围绕"身份政治"问题的相关争议，探讨文化多样性与民主政治的关系，提出一些初步的评论和思考。

一、原生论民族主义（primordialist nationalism）的兴起

我曾在一篇年度述评文章中指出，造成当前西方社会内部分裂的主要原因源自两种"结构性裂变"。其一是经济层面上的"差异性全球化"，每个国家内部都产生了全球化的受益者与挫败者，基于自身不同的利益得失形成了对全球化的支持与反对的态度分裂。其二是在文化层面上，全球化对各国的本地传统价值、生活方式以及民族认同造成了强烈的冲击。而在移民和难民大量涌入、恐怖主义袭击时而发生的新局势下，这种文化冲击变得更加敏感和尖锐，但自由主义者所主张的多元文化主义与全球主义未能有效地回应这一冲击，在民众之间产生了对文化认同问题的对立格局。经济利益的冲突与文化诉求的矛盾相互交织、彼此纠葛，构成了政治态度分裂的基本背景。[1]这些政治态度上的分歧由来已久，但只是政治对抗的潜流，只有通过有效的政治动员与集结，才能显现为现实政治中的相互博弈力量，而从政治态度到政治力量的"现实化"（actualization）过程，又反过来加剧了政治态度的分裂与极化，从而导致在选举竞争和立法议程中派别

---

[1] 参见刘擎：《2016西方思想年度述评》，《学海》2017年第2期。

分明的政治对抗现实。这正是2016年美国总统竞选以及特朗普最终胜选的剧情逻辑。

无论有多少人对特朗普的可疑人品与粗俗风格多么厌恶鄙夷，我们很难否认他具有超凡的政治煽动力或者（以更为中性的语词来说）政治动员力。特朗普的反建制姿态、民粹主义立场以及几乎难以掩饰的"白人优越论"倾向，在其竞选活动中发挥了重要的政治动员功能，许多评论家已经对此做过详细深入的阐述。就本文的论题而言，我们关切的焦点问题在于：特朗普何以能够诉诸"白种民族主义"（White Nationalism）情绪，突破左派与自由派长期掌控"文化领导权"，动员和集结足够多的选民形成自己的"文化政治"力量，在选战中赢得胜利。正如一些评论家分析指出的那样，特朗普的"让美国再次伟大"口号实际的潜台词是"让美国再白起来"（Make American White Again）。[1] 他鼓吹的"我们要夺回我们的国家"（We want our country back），是要夺回早已被自由派文化领导权所埋葬的"白种民族主义"。这种（在许多人看来）"反动腐朽"的政治意识何以能够死灰复燃？这似乎是令人惊奇的。

在美国政治思想史的教科书以及主流的政治话语中，美国不具备典型意义的民族主义传统，因为美国缺乏单一民族国家那种以共同血缘、人种和语言为基础的民族认同。即便论及"美国的民族主义"，也无法以老欧洲（尤其是德国式的）"血与土地"的术语来理解，而

---

[1] 参见Charles M. Blow, "Trump: Making America White Again," *The New York Times*, Nov. 21, 2016, p. A23; Lola Adesioye, "'Make America White Again': how US racial politics led to the election of Donald Trump," *The New Statesman*, 21 Nov. 2016; Toni Morrison, "Making America White Again," *The New Yorker*, Nov. 21, 2016 Issue.

是以对"自由信条"的共同忠诚来界定的，这是所谓"理念型民族主义"。早在1922年，英国作家G.K.切斯特顿（G.K. Chesterton）就指出，"美国是世界上唯一建基于一种信条（a creed）的国家（民族），这个信条在《独立宣言》中以具有教条式的，甚至是神学的清晰性得到陈述"。[1]后来，美国社会学家西摩·马丁·李普塞特（Seymour Martin Lipset）在论述"美国例外论"的名著中也指出，美国是"第一个新的民族"，依赖于独特的美国意识形态，其理念是自由、平等主义、个人主义、共和主义和放任自由经济。[2]甚至亨廷顿——这位后来强调美国白人清教传统的政治学家——在早年也主张美国的信条论特征，认为"将民族性等同（认同）于政治信条或价值观，这使得美国几乎是独一无二的"。就此而言，一个英国人变得"非英国化"是不可思议的，而在美国，"拒绝那个信条的核心理念就非美国的（un-American）"[3]。由此看来，美国的理念型民族主义以美国价值观而自豪，甚至会鄙视"旧世界"那种（基于种族和土地的）"原生论民族主义"。

亨廷顿后来在《谁是美国人？》一书中将白人的盎格鲁-撒克逊的新教（WASP）传统当作美国文化的核心，受到广泛的争议，他也特别指出，他强调的不是WASP人种，而是其文化传统。实际上，

---

[1] G.K. Chesterton, *What I Saw in America (1922)* (Kessinger Publishing, LLC, 2010), p.7.

[2] Seymour Martin Lipset, *American Exceptionalism: A Double-Edged Sword* (New York: W.W.Norton & Co., Inc., 1996), pp.1, 17-19.

[3] Samuel Huntington, *American Politics: The Promise of Disharmony* (Boston, Harvard University Press, 1981), pp.25, 2-3.

"真正的美国"这一概念本身具有高度争议。从历史角度看，早年美国的"定居者"主体来自欧洲，欧洲文化和宗教塑造了美国文化主流。但在理念层面上，许多新大陆的移民是欧洲的"弃儿"，清教徒遭受的宗教压制使他们要建立一个开放和包容他者的"新世界"，随着后来移民的涌入，以观念认同来界定美国人的思想日渐流行，"成为美国"就是信奉美国的价值理想，凡是忠诚于这些普遍主义的理念不论来历如何都可以是"美国人"。在这个意义上，美国认同是政治理念塑造的"政治文化"，而不是基于原生性民族身份所形成的"文化政治"。这构成了"美国特色"的民族主义，如果否定这种特色，那么美国不过是老欧洲的民族国家的美洲翻版，而丧失了其"新大陆"的精神特质。

因此我们可以说，诉诸一种基于白人种族的"原生论民族主义"是对"美国正统"的背离，是"非美国的"。然而，2016年美国的政坛戏剧性，即便没有彻底颠覆，也强烈质疑了"美国例外论"的神话。特朗普的"文化政治"成就表明，不仅对于"何为美国，何为美国的文化传统，何为真正的美国人"等问题的竞争性阐释从未终结，而且美国的民族主义论述仍然可以调用原生论的种族概念，这种白种民族主义从未被彻底埋葬，只是在"历史进步"的洪流冲击下，藏匿于边缘却始终蓄势待发。

二、身份政治的歧途

令人疑惑的问题是，诉诸普遍人权和自由与平等价值的自由主义政治文化，长期占据了美国的文化领导权，为何未能抵御白种民族主义的死灰复燃？这可能有多方面的原因。就自由派的对手而言，特朗普异乎寻常的政治煽动或动员力相当关键，得以将全球化中那些受挫的白人工人阶层的利益诉求与其种族文化诉求结合起来，重新建构了（"伪装成"）美国正统的文化政治论述。但在另一方面，自由派本身的政治错位与失策也需要反省。其中，左派与自由派放弃建设共享的政治文化努力，沉湎于"文化政治"的倾向尤其值得深思。他们在政治理念和实践中，对于文化身份多元差异可能对政治带来的威胁毫无警觉，鼓励和放任"多元文化主义""差异政治""承认政治"和"身份政治"的主张。在这个问题上，哥伦比亚大学教授马克·里拉（Mark Lilla）最近的论述及相关讨论引人注目。在2016年美国总统大选结束后不到两周，里拉就在《纽约时报》发表文章，批评分析"身份自由主义"（identity liberalism）的政治失败，成为当年被阅读最多的政论文章。[1]随后作者又在此文的基础上扩展和补充，在今年8月出版了《曾经与未来的自由派：在身份政治之后》（*The Once and Future Liberal: After Identity Politics*）一书。[2]他对左翼和自由派提出了尖锐的批评，持续引发广泛的反响与争议。作为（自诩为）一名自由派的知识分子，里拉的批评也是一场"家族内部"的自我清理与反思。

里拉并不反对文化多样性，他认为美国的多样性是一件"美好的事情"，甚至愿意承认身份政治论述的一些积极意义——有助于增强

---

[1] Mark Lilla, "The End of Identity Liberalism," *The New York Times*, November 20, 2016, p.SR1.

[2] Mark Lilla, *The Once and Future Liberal: After Identity Politics* (Harper, 2017).

进步主义者的道德敏感性，尤其有助于形成对少数族裔和边缘群体的包容与尊重态度。他对身份政治的批判质疑着眼于其现实政治后果。在他看来，以特殊主义的身份论述来塑造政治，无论在道德上多么有价值，在现实政治中，尤其就选举政治的竞争策略而言，是极不明智的。因为民主党政治事业的实质进展，在根本上取决于对政治体制的掌握和影响力，通过进入各级行政和立法机构的民主派政治家，才能推动和落实那些进步主义取向的政治目标，包括提高在阶层、种族、族裔和性别等方面处于弱势的群体的平等权利和利益。而在民主政治中，获得体制影响力的直接方式就是赢得各种选举，这需要政治话语和战略对最广泛的选民具有吸引力、感召力和说服力。里拉认为，诉诸公民的共同性和团结，而不是强调各个特殊群体的独特差异变得至关重要，而身份论的自由派恰恰在这个关键问题上陷入了歧途。

在里拉看来，自由派政治的"黄金时代"是罗斯福和肯尼迪执政时期，那时候，自由主义的政治基于普遍主义的自由与平等原则，着眼于塑造所有美国人共享的公民政治身份。而从越战时期的新左派运动开始，自由主义政治发生了一系列蜕变——一种"从我们到我"的蜕变。由此"关注的焦点不再是两种认同（identification）——我们作为民主的公民与美国的认同，以及我们对美国内部不同社会群体的认同——之间的关系。公民身份退出了这个图景，人们转而谈论他们个人的身份，依据的是他们内心的小形象——由带着种族、性取向与性别等色彩部件构成的独特小事情"。[1]他批评执迷于差异的身份政治，使民主党人忽视了其"经典目标"：将来自不同背景的民众聚集

---

[1] Mark Lilla, *The Once and Future Liberal*, pp.66-67.

在一起，为一个共同的目标而奋斗，转向一种日益个人化的、狭隘的和排他性的"伪政治"。

他特别举例严厉质疑了"黑人生命珍贵"（Black Lives Matter）运动，称之为"如何不去塑造团结的教科书式的范例"。他没有否认这一运动的积极方面，通过揭示和抗议警察对非洲裔美国人的虐待，动员了支持者并唤醒了美国人的良知。但他认为，"这场运动决定要用这种虐待来造成一个普遍性的指控——针对美国社会及其种族历史，以及针对整个执法机构"，并且采用逼供策略压制异议，要求认罪与公开忏悔，这种做法实际上"给了共和党右翼以可乘之机"[1]。里拉告诫自由主义者，"一旦你单单依据身份来表达一个问题，那你就是在邀请你的对手做同样的事情。那些打出一张种族牌的人应该准备好被（对手的）另一张种族牌所压倒"。在他看来，这次总统大选中最值得反省的教训之一，就是自由派的身份政治激发和助长了右翼对手得以玩弄另一种身份政治（白人优越论或白种民族主义）。与此对照，"20世纪60年代的民权运动领袖们没有像今天黑人运动的活动家那样谈论身份"。民权运动有意识地诉诸公民的共同之处，促使美国由知耻而行动，使得美国白人更难以在心理上维持双重标准（一种是适用于"美国人的"，而另一种是给"黑人的"）。他认为，"那些民权运动领袖并没有获得全面的成功，但这并不意味着他们失败了，也不能证明现在有必要采取不同的方法"。[2]

此外，里拉还批评了身份论自由派受制于道德优越感的政治局

---

[1] Mark Lilla, *The Once and Future Liberal*, p.126.

[2] Mark Lilla, *The Once and Future Liberal*, p.127.

限。为维护"道义纯洁性"而拒绝妥协,因为他们将妥协视作背叛,这是丧失政治现实感的标志。他提出的告诫是,切勿将"纯洁性检测"强加给我们想要说服的人。"不是所有事情都事关原则问题,即使有些事情确实如此,也往往存在其他同样重要的原则,它们可能需要被牺牲才能维护这个原则。道德价值观不是一个严丝合缝的拼图中的片块。"[1]因此,他相信那种绝不妥协的方式——比如"要求白人在每一个案例中都同意(我们)什么算作歧视或种族主义"——在选举政治中是完全不可取的,因为"在民主政治中,设立一个过高的——高于为赢得支持者和选举所必要的——同意标准是自杀性的"[2]。

里拉构想的"未来的自由派"呼唤从身份政治的歧途中迷途知返,走向一种后身份政治,而这种转变需要从"曾经的自由派"的前身份政治中汲取经验:力求扩展自由主义政治的基础面,诉诸具有共性的整体"美国人",强调基于普遍平等与自由权利的共享公民身份,并重视绝大多数人关切的问题。在触及性取向和宗教等文化差异的议题中,后身份政治应当以恰当的分寸感平稳而敏感地应对。里拉在其著作的第三章提出了对未来自由派政治的建设性主张,包括三种优先性——"制度政治优先于运动政治""民主的说服优先于盲目的自我表达""公民身份优先于族群或个人身份",并提倡在校园中展开"公民教育"。显然,他的核心论旨在于以"公民政治"取代失败的身份政治。他承认公民政治本身存在许多局限,但坚持认为这是自

---

[1] Mark Lilla, *The Once and Future Liberal*, p.116.

[2] Mark Lilla, *The Once and Future Liberal*, p.128.

由派仅有的最有希望的政治途径。

三、公民政治的难题

里拉的批评反思蕴含着"求同存异"的取向，强调美国的自由主义传统是立足于共同的普遍价值来容纳多样性，他担忧固执于差异的身份政治可能会自毁自由主义的根基。他所呼唤的公民政治，同时关注作为享有平等的自由权利的公民身份，以及致力于团结和积极政治的公民责任，实际上结合了自由主义与共和主义的公民观。然而，公民政治的主张并不新颖，这是20世纪90年代在美国政治理论界曾被热烈讨论的议题。里拉或许知道其中的复杂争议，因此他有意回避了困难的理论问题，主要立足于政治现实主义的策略展开其论述。支持身份政治的政治理论家有理由对此不满，因为他们之所以投身于身份政治，恰恰是因为他们曾对传统的公民政治做过严肃的反思与批判。在他们看来，里拉是具有保守倾向的自由派，他只是借助特朗普大选获胜这一"证据"向"左派"与左翼自由派发难。

在我看来，辨析身份政治与公民政治之间的区别，尤其是它们在政治实践中的不同取向和效果是有意义的，这也是里拉的重要贡献之一。但将这两者做截然对立的划分却存在着弊端。我们有必要重新理解身份政治与公民政治之间的联系，并建立可能的互为支持的关系。在20世纪90年代，西方学术界关于多元文化主义、差异政治和身份政治的讨论中，"公民政治"问题并没有完全缺席，而是被重新理解和界定，这甚至在激进左翼的学者论述中也是如此。

左翼政治理论家尚塔尔·墨菲（Chantal Mouffe）构想了一种激进民主方案。[1]她批判了传统的自由主义"权利公民观"（citizenship-as-rights），认为它强调个人权利的优先性，但从不阐释行使权利的导向和内容，把所有"规范性"关怀都划入"私人道德领域"，使政治愈来愈丧失其伦理维度，蜕化为"工具主义"的事务，仅仅关注既定利益之间的妥协。自由主义公民观的政治结果是公共意识的衰落和公民行动的畏缩，这样的"消极公民"无法形成激进民主所需要的政治联盟。但墨菲并没有放弃公民政治的概念，她主张左翼政治应当告别"全面革命"，转向在自由主义民主的制度框架内展开激进民主的斗争，那么在失去了以"阶级"作为整体性政治身份的条件下，需要一种新的政治主体身份，而"公民"则是最可取的选择。但墨菲阐述的公民身份并不是自由主义所简约化了的"法定身份"（legal status），也不再仅仅是享有法律的保护，被动的权利拥有者，而是一种出于共同关怀、服从政治行动的"语法"（一套由公共关怀所确立的规范原则）的政治身份。激进民主的政治语法就是"人人自由平等"的原则，这是对现存民主体制所允诺的政治价值所做的一个最为激进的阐释，其激进性在于：它要求所有的社会领域都必须接受这一原则的"检测"：任何支配性的控制关系都不能豁免受到挑战。通过对这一原则（"语法"）的认同与共识，各种身份（女性、工人、黑人、同性恋者和生态主义者等）的政治斗争就不再互不相关，而具有了激进民主的共通性，形成了一条（伦理-政治意义上

---

[1] Chantal Mouffe (ed.), *Dimensions of Radical Democracy: Pluralism, Citizenship, Community* (London: Verso, 1992).

的）"等价链"（chain of equivalence），从而构成了"我们"：激进民主的公民。在此，公民身份并不是现成的，而是"通过对公共关怀的认同行为来获得政治身份"[1]。"成为一个公民"意味着承认其规则的权威性，以此来指导政治判断和行动。公民是在各种社会运动的民主要求中所建构的一种集体性的政治身份，使各种批判性的社会力量结为联盟。

墨菲主张的激进民主正是试图以新的公民政治概念把各种局部的社会运动集结起来，形成最广泛的左翼政治联盟，从而争取激进民主力量的优势地位，在身份政治与公民政治之间建立了联系。但与此同时，这种新的公民政治仍然可能陷入里拉所指出的困境：如果选举政治要求获得最广泛的民意支持，包括既存体制下优势的或非弱势群体的支持，那么激进民主的公民政治何以实现这种目标？墨菲一贯主张民主政治永远是未完成的，必定是"对手之间的竞争性冲突"（agonistic conflict between adversaries），虽然这区别于"敌人之间的对抗性冲突"（antagonistic conflict between enemies），但如果群体政治之间的冲突（而非合作与团结）是这种公民政治的永恒特征，墨菲似乎无从应对或者根本不必考虑政治极化的问题，这对她而言或许是激进民主中不可避免的现象。

在左翼阵营中，已故的政治理论家艾丽斯·M.杨（Iris M. Young）是多元文化主义与"差异政治理论"的引领性人物。她在1989年发表的重要论文《政治与群体差异：对普世性公民观理想的批

---

[1] Mouffe (ed.), *Dimensions of Radical Democracy: Pluralism, Citizenship, Community*, p.235.

判》中，提出了"差异性公民身份"（differentiated citizenship）的概念。[1]她指出，那种普世的超越群体差异的公民观是不正义的，因为在现存的社会中某些群体享有特权，而其他群体却受到压制，压制的形式包括剥削、边缘化、无力状态、文化帝国主义以及暴力与骚扰。在这样一个社会中，"如果坚持主张作为公民的人们应当抛开他们独特的归属关系和经验而采纳一种普遍的观念，那就只会加强特权。因为特权者的观点和利益会在统一的公众中占据支配地位，而其他群体的观点和利益就会被边缘化而没有发言权"。[2]因此，追求真正的平等政治需要我们承认群体差异，认真对待他们的不利处境和特殊需求。对于在文化上被排斥的群体，首先针对他们在政治过程中的不利处境，应当提供有效的制度性手段，寻求解决其需要的平等承认和平等代表的问题。其次，针对他们可能特殊的（比如在语言和习俗等方面的）文化需求，提供有效的支持性政策来满足这些需求，而相关的政策只有在考虑了群体差异的情况下才可能形成和实施。

普世性公民身份将"公民"界定为与特殊性相对立的普遍性，与差异性相对的共同性，而杨认为，"实现普世性公民理想的企图，就是将公众具体化为与特殊性相对立的一般性，与差异性相对立的同质性，这将使得一些群体被排斥或处于不利之境地，即使他们拥有形式上平等的公民身份"。让每个社会成员获得平等的尊重与对待是公民政治的目标，而杨提出相当有力的论述表明，达成这种目标的方式要求我们承认和重视群体差异，而忽视和抹去这种差异的"一视同仁"

---

[1] Iris M. Young, "Polity and Group Difference: A Critique of the Ideal of Universal Citizenship," *Ethics*, 1989, pp.250-274.

[2] Iris M. Young, "Polity and Group Difference", p.257.

或"无差别对待"反而会背离这一目标。对于"差异性公民身份"的批评与辩护曾经过了相当持久而深入的讨论，存在一些悬而未决的问题，但也发现了差异性与共同性之间兼容的可能。[1]

四、构想公民政治与身份政治的调和论

任何政治秩序的建立和维护都需要某种最低限度的社会"整合"，使社会成员遵从共同的基本法律和规则。传统社会的政治秩序往往依赖两个整合要素，一是社会在信仰和价值观方面的同质化（或高度一致性），一是"自然的"（往往具有压制性的）社会身份等级化结构。这两种构成政治秩序的整合要素在现代性条件下都失去了有效性。在现代化过程中，高度的社会流动性促进了生活方式的多样化，也造成了信仰和价值观的多元化，社会的同质性被侵蚀和瓦解。多元主义成为现代社会的事实。与此同时，现代革命造就了平等主义的权利观念，人们不再接受传统社会中"先天的"等级结构。如何在平等而多样化的社会成员之间建立稳定的政治秩序，这是现代政治面临的难题。

在几个世纪的现代历史发展中，西方社会建立了自由民主宪政制度，在原则上试图同时解决两个问题：以普遍选举权与代议制政府应对平等主义所诉求的基于人民主权的政治正当性；以宪法保障的公民

---

[1] Will Kymlicka and Wayne Norman, "Return of the Citizen: A Survey of Recent Work on Citizenship Theory," in *Theorizing Citizenship*, ed. Ronald Beiner, (New York: SUNY Press, 1995).

自由应对信仰与生活方式的多元化问题。也就是说，西方现代政治就其理想而言，力图在缺乏社会同质性和先天等级结构的条件下，以尽可能低的国家强制实现新形态的政治整合与公民之间的合作，从而建立自由而包容的政治秩序。在这种政治秩序中，政治整合与文化多样性之间存在着永恒的张力。社会成员之间的各种分歧——尤其是事关宗教信念、终极目标、人生理想，以及对于善的观念等文化差异——永远不可能被彻底消除，但却能够通过限定各自主张的边界，通过对话理解以及谈判妥协等方式来缓和与化解，并在政治基本原则问题上达成"重叠共识"，从而实现某种"和而不同"并"求同存异"的秩序，这是主流的政治自由主义理论所期许的愿景。

然而，文化实践总是有其政治维度，身份与文化的多样性蕴含着政治诉求的多样化，文化差异也就可能导致政治分歧。因此，政治自由主义的美好愿景总是会面对一个挥之不去的隐患：当文化差异以对抗性的形态发生，就可能突破被限定的边界而"溢出"，导致政治共识的瓦解，最终转变为严重的政治对抗，对政治秩序的稳定造成威胁甚至颠覆性的危机。当前西方社会的政治动荡，在一定程度上正是文化差异"溢出"为政治对抗的征兆。面对这种危机，我们有必要重新思考政治自由主义的潜力，探讨它是否能够以及何以可能来应对这种挑战。

在最简单化的阐释中，政治自由主义的"求同存异"方案可以表述为"求政治之同，存文化之异"。就身份问题而言，每个人可能具有多种身份，可能归属多种群体，但在政治意义上，共同的公民身份优先于其他群体或个人身份，这种思路体现在罗尔斯对两类身份的区分之中：作为公民的"公共身份"（public identity）以及作为私人个体的"非公共身份"（nonpublic identity）。但是，将公共领域与私人领域的截然分离，并试图将政治完全脱离私人领域（包括个人归属的团体社群），仅仅限制在公共领域之中，在许多情况下是不可能的和不可欲的。这种政治自由主义方案遭到了从保守的社群主义到激进的左翼政治理论的批判。当下西方社会的政治现实是，罗尔斯期望对"非公共身份"予以"非政治化"的限制出现了危机，各种差异化的身份具有强烈的政治诉求，并活跃在政治活动中。马克·里拉构想的"后身份政治"实际上试图以公民身份驯化其他身份，在一定程度上与罗尔斯的政治自由主义构想是一致的，也就会遭遇罗尔斯曾受到的各种批评，并陷入同样的困境。

力图"求同"的公民政治似乎必须以压制身份政治的"存异"为代价，而主张承认"差异"的身份政治可能会威胁公民政治的公共秩序。我们必须在公民政治与身份政治之间做一个非此即彼的选择吗？或者，我们如何可能应对这两者之间的紧张冲突？面对这一困难的问题，我尝试提出一些具有"调和论"（reconciliation）取向的初步思考线索，包括如下几个方面。

首先，这种调和论着眼于发掘公民政治与身份政治之间的兼容性。在目前，两种政治之间的张力被凸显的情况下，我们有可能忽视了它们互相兼容的一面。在上文对两位左翼政治理论家的简短评介中我们可以看到，无论是墨菲的激进民主理论，还是杨的差异性公民理论，都没有放弃，而是坚持了公民这一理念以及公民政治所依据的平等和自由的规范性原则。墨菲的"激进化"旨在迫使自由主义政治更充分地兑现其根本承诺，杨对差异性强调的最终依据也恰恰来自平等尊重和对待的原则。认识到公民政治与身份政治在规范性原则上的一致性或兼容性，可能打开一种新的政治想象可能：公民政治的实践有可能（部分地）经由和吸纳而不是放弃或压制身份政治而展开，这同时也意味着身份政治有可能将自身特殊诉求表达为公民政治的一部分。墨菲所强调的在各个激进民主群体之间建立伦理-政治意义上的"等价链"蕴含了这种可能。杨在差异政治中所主张的部分目标（比如，赋予贫困阶层以及老年人、黑人和同性恋等这些受到压制和处境不利的群体以"特殊代表权"），是为了通过"特殊对待"来不断克服他们受到压制的弱势处境，最终获得平等对待。这种特殊要求完全有可能在公民政治的视野中被接受，将它们视为"通往一个不再需要特殊代表权的社会之路的权宜之计，社会应当试图取消这些压制，从而消除这种权利的必要性"[1]。公民政治可以吸纳这种差异政治的诉求，寻求逐步减少并最终消除这些差异及其需要的特殊待遇，而不是让这种差异扩大、延续或永久化。

其次，我所构想的调和论主张"差异化地对待差异"的原则。在认识到自由主义普世公民观之缺陷和局限的同时，这种调和论反对以相对主义的"平等"立场接纳和容忍所有身份差异的政治要求，拒绝将所有身份、所有利益和所有差异性视为具有同等的正当性与合法性。这意味着在两个方面对各种不同的差异性予以差异化的对待。第一，依据激进民主、差异政治和身份政治等理论实际上共同接受或默认的政治规范性原则，在可能的情况下，区别正当的与非正当的差异性诉求。比如，最为明显的，在某种文化习俗中保留的女性割礼（阴

---

[1] Will Kymlicka and Wayne Norman, "Return of the Citizen: A Survey of Recent Work on Citizenship Theory", p.311.

蒂切除）或对儿童的暴力性规训（教育方式），这种作为特殊群体的身份诉求，违背了公民基本权利的规范要求，不能以多元文化的理由被正当化，应当视为不合法的差异要求。墨菲本人也反对极端形式的多元主义，因为它否定了任何建立规范标准的可能。她主张"为了使我们对多元性的承认不至于导致彻底的冷漠与彻底的无可区分，标准必须存在，用以判定什么是可容许的而什么不是"。[1]第二，"差异化地对待差异"也要求在即便正当与合法的差异性诉求中，在可能的情况下建立优先性排序。一种基于群体身份的特殊要求，需要在对照其他群体身份的要求以及社会整体要求的平衡考量中予以评价。并不是所有正当的特殊要求都具有等同的优先性。满足某种特殊需求往往需要付出代价，包括损失其他群体利益以及社会资源的代价。比如，在关于"转性别"身份这一特殊群体的如厕问题的争议中，需要予以优先性评判。当然，优先性的差异化是高度语境依赖的判断，往往是困难，但并非不可能。差异化地对待差异的原则意味着某种选择性的排斥，总是有些特殊需求被漠视或压制了。以公民政治的立场来看，一方面，对于所有漠视和压制需要提出正当合理的辩护理由，同时在另一方面，承认任何可能企及的正义政治秩序也无法彻底消除忽视与压制。

再次，这种调和论强调，身份政治在实践中尽可能将自身诉求的特殊语言"转译"为公民政治的语言或其可理解的语言。比如，如果将"黑人生命珍贵"口号改写为"所有生命珍贵，黑人同样如此"

---

[1] Mouffe (ed.), *Dimensions of Radical Democracy: Pluralism, Citizenship, Community*, p.13.

是否能够在身份政治与公民政治之间建立更紧密的联系呢？所有的转译都可能有损失，但在政治实践中需要从现实主义的角度做出得失权衡。而这种权衡要求身份政治的实践者既立足于自身的群体特殊性，又有抽离自身立场转向公民共同性的视域从而展开反思的时刻。马克·里拉或许对身份政治缺乏更充分的同情理解，但他对其现实政治策略提出的批评值得认真对待。他对美国两大政党的网站主页做过对比，共和党的主页醒目地突出了一份名为《美国复兴的原则》文件，包括对十一个广泛关注的政治问题的立场声明。而民主党的网站主页上找不到类似的原则性声明，只有多达十七个不同身份群体的网站链接，其内容是分别提出各自不同的主张和诉求。[1]这种各自分离的身份诉求明显缺乏整合性和广泛的感召力，就政党政治的策略而言是失败的。当然，身份政治无法化约为公民政治，因此不可能将其所有诉求都有效地转译为公民政治的语言，但仍然可能"转译"为公民政治能够理解的语言。实际上，这种努力是可欲的，也是可为的。上文所举杨的经典论文《政治与群体差异》，以有力的证据与清晰的论证对差异性公民观做出了精湛的阐述，对持有自由主义公民政治立场的读者而言，即便不能全部接受她的观点，却也完全能够理解她的论述。这表明里拉所批评的当前美国大学研讨课上出现的情景——仅仅以特定身份来宣示立场，固执己见，回避论证，最终停止对话，要么是一幅扭曲的漫画图景，要么在相当程度上是可以避免的。

最后，这种调和论也意味对政治自由主义方案的重新阐述。那种"文化多元，政治整合"的流行理解，可称之为"文化无约束的政治

---

[1] Mark Lilla, *The Once and Future Liberal*, pp.11-12.

共识"观点，认为政治共识的达成完全不需要触动和改变多种多样的文化差异。群体和个人的文化多样性不只是事实，而且是可欲的、值得提倡和鼓励的。文化尽可以保持千姿百态的差异，这并不会真正阻碍在政治上达成的重叠共识。但这种"文化无约束的政治共识"观点在理论上是错误的，其实践后果是令人担忧的。"重叠共识"并不是建基于各种信仰之间碰巧发生"交集"的共同之处。不同文化观念正好相互"重叠"的部分在政治规范原则意义上可能是无关紧要的，而在最需要达成共识的政治秩序的规范原则与程序方面，彼此的交集可能恰恰难以出现。因此，罗尔斯所构想的政治自由主义要求不同"整全性学说"的信奉者做出必要的改变，包括重新定位、调整和克制自己的整全性信仰，这才有可能对政治的正义原则达成共识。这也是他强调"公共文化"与"公共理性"重要性的缘由之一。因此，恰当理解政治自由主义依赖于某种文化基础，需要在各种身份文化之间建立一种共享的政治文化，这不只是包容和尊重各种各样文化（信仰、价值和生活方式）的差异，同时也要求一定程度的文化同化，要求各种社群与个人的文化诉求在实践中受到约束和调整，为民主政治得以健康运行创造相适应的文化条件。

民主社会中的教育权威

　　君主制完全可以是一种好的政体，前提是要有一位英明的君主。他智慧超群又爱戴臣民，魅力非凡又宽容大量……集各种美德于一身，由他来掌权治国，何尝不是万民之幸运？可是，哪里去找这样一位明君？若无神明佑助，希望太过渺茫，近乎痴人说梦。这大概是对君主制度最常见的，也非常有力的反驳。但人们往往会忽视，类似的诘难也可以用来针对民主制度。因为健全的民主需要品质优秀的公民：平等尊重他人，善于理性对话，在公共事务中能超越私己的利益与偏见、积极参与公共协商，必要的时候还能为公益而牺牲和奉献……这样优秀的公民又如何可得？似乎并不比期待一位英明君主更少幻想色彩。

　　在亚里士多德的教诲中，国家（城邦）不只是有政体类型的区别，每一种类型还有"正宗"（正当）与"变态"（败坏）之别。现代国家大都倾向于建立民主制，这并不是因为民主制比君主制天然优越，而是因为现代人的自我理解与社会想象已经难以接受君主制度，人民主权的理念已经深入人心。正如托克维尔在180多年前所洞察的那样：民主是大势所趋、人心所向，是"天意"使然。的确，现代政治的正当性不得不以民主为基础，这几乎无可逆转。但这并不意味着民主的建设与实践没有危险和隐患。民主制度必须时刻对自身保持警觉，因为它可能堕落为一种败坏的形态——所谓"劣质民主"，而防止败坏的一种重要途径就是教育。于是，政治教育的重心也就从古代的"驯化君主"言说转变为现代的"公民教育"理论。

艾米·古特曼（Amy Gutmann）是一位公民教育的积极倡导者。她是美国著名的政治理论家，曾在普林斯顿大学任教28年，并创建了著名的"人类价值研究中心"。2004年开始出任宾夕法尼亚大学第八任校长。她所著的《民主教育》（Democratic Education）比大多数相关论著更有深度也更具影响，被公认为是继杜威《民主主义与教育》（Democracy and Education）之后对公民教育论题最为重要的贡献。这部著作试图为教育提供一个民主的理论，同时探讨"如何民主地开展教育"以及"如何以教育来促进民主"这两个主题。

在最宽泛的意义上，教育包含社会化的所有影响。古特曼将教育的概念界定为"有意识的社会再生产"（第14页），民主的教育是公民"参与有意识地塑造民主社会的未来"的事业（第15页），这既不同于宽泛的"无意识的社会再生产"，同时又区别于狭义的学校教育。作为一种有意识的社会事业，教育暗含着对权威的要求，无论是确立教育的目标和内容，还是制定相关的法律与规则，都需要诉诸权威。那么"民主的"教育又从何谈起？如果将"民主"看作与"权威"对立，那么"民主的教育"就是一个自相矛盾的概念，但这是对民主的极大误解。民主政治并不反对权威，而是要以一种特定的方式来确立正当的政治权威。同样，民主的教育也正是要以民主的方式来确立"谁有权威做出有关教育问题的决定"(第11页)。很显然，古特曼的理论在本质上是一个政治理论，也必定触及富有争议的政治问题。

现代社会是一个充满分歧的社会，审议式民主的卓越之处在于它愿意并能够应对分歧的风险与挑战（而那种貌似果敢的政治"决断论"，企图在根本上消灭分歧以实现"同质化的民主"，实际上回避了最困难的挑战）。在教育问题上，民主社会的成员也会出现争议。亚里士多德说，"一个国家的公民应当总是被教育得能符合这个国家的构成"（第19页），但如何确定一个特定社会的构成原则，以及符合这种原则的教育目标？这里仍然存在重要分歧，因为西方社会继承了多种互相竞争的教育规范理论，根植于不同的政治想象。古特曼辨析了三种理论，分别称为"家庭国家"（family state）、"家庭构成的国家"（the state of families）以及"个人构成的国家"（the state of individuals），各自蕴含着关于教育权威的原则，潜藏在几种流行的关于教育的政治理解之中。她对这三种流行理论展开了富有洞见的批判考察。

首先，"家庭国家"理论主张国家垄断教育权威，可以用"家长制"为依据。但将国家视为所有公民的"政治"父母，至多只是一种隐喻。家庭国家更有力的理论是"柏拉图式的"——国家以知识和理性为基础确立了客观的正义原则，对公民实施完整彻底的教育，由此，同时实现个人之善与社会之善。这是基于正确知识而形成的教育权威，致力于培养道德一体化的未来公民。但这个规划严重低估了父母对子女价值观的深刻塑造。即便真的有"哲学王"能发现客观的道德真理，国家要防止孩子受到成年人固有偏见的坏影响，就必须剥夺父母对子女的教育权利，这将要求对整个社会结构进行脱胎换骨的改造。但正如柏拉图自己意识到的那样，这是代价过高而不可行的规划。若要以说服而不是以强制的方式来改造成年人的观念，实际上就要求一个民主制度的背景条件。也就是说，以知识（真理）转变为权威的正当性条件是"家庭国家"的民主化。

第二，"家庭构成的国家"理论则主张将教育权威完全交给孩子的父母，由他们来决定孩子的培养和发展。这种理论诉诸成年人的自由权利，尊重父母将自己的生活理想传递给子女的自主性。同时，它也诉诸后果论的理由，因为（如洛克曾指出的那样）父母是孩子的未来利益的最好保护者，将教育完全托付给父母会获得最好的效果。这种理论似乎能够回避关于教育的政治争论。但孩子不能仅仅被视为父母的私有财产，因为他们是社会的"未来公民"。家庭独占教育权威有利于强化和固化各种特定的价值观和生活理想，但却不利于培育尊重、宽容与合作的精神品质。缺乏这些品质，民主社会的再生产将难以维系，甚至会危及家庭权威自主性赖以存在的社会条件。

第三，"个人构成的国家"理论主张，自由社会中的理想教育不应当诱导孩子偏爱任何一种有争议的良善生活，而是要致力于增强他们的选择机会和理性判断能力。因此，教师和职业教育家应当成为最高权威，他们最有可能实施"中立化"的教育：对各种生活方式"一视同仁"，既独立于国家，又独立于各种家庭的特殊理想，将未来公民的个人自由选择当作最高目标。但是，教师不可能回避任何实质性的美德而单纯培养理性批判能力，也没有任何教育能在所有生活方式中真正保持"价值中立"。实际上，公共教育不必在理性审议和美德教育之间做非此即彼的选择——要么让孩子自由选择他们的良善生活，要么为他们灌输国家或家庭认定的最好的生活。

在古特曼看来，将未来的公民（被教育者）看作专属于国家、家庭与个人的独占式的理念都是武断的，既不符合公民的人格构成，也没有把握政治生活的真实经验。但这三种理论都包含了部分真理：一个公民既属于自己，又属于国家和次级共同体（包括家庭）。由于这三重属性，任何单一教育权威的正当性都无法合理地得到辩护。因此，需要一个民主的教育理论。古特曼指出，民主国家所承诺的教育，既尊重各种家庭生活方式的自主性，也注重孩子的理性反思能力，使他们能理解和估价（不同于自身家庭传统的）其他生活方式的价值，同时又强调政治教育的价值，鼓励孩子偏爱那些与民主权利和责任兼容一致的生活方式。因此，民主的教育并不是中立的，它对不同的良善生活观念持有"厚此薄彼"的立场。这种"偏好"基于两个理由。首先是基于道德自由的价值，承认个人在自我反思中辨别生活方式的高低优劣，并做出自由选择的权利，因此偏向那些与平等尊重兼容的生活方式。其次是基于民主文化的价值，主张孩子的利益不仅是自由选择，还包括特定的公民美德，使他们能够认同和参与家庭之善和社会之善。这些特定的善的观念，构成了他们生活的内在意义。"偏袒"这些美德不是基于客观的知识，而是（民主地）尊重公民对自身所属社会的文化与政治方向的确认。由此，这种教育能够"支撑着民主的核心价值：以最具包容性形式出现的有意识的社会再生产"，使得社会成员"足以参与公民政治，足以（在有限的范围内）选择优良的生活，足以分享到赋予公民生活以特性的次级共同体"。（第45页）

古特曼承认，在民主的意义上，国家和家庭都具有教育的正当权威。但她强调指出，同样依据民主的原则，未来的公民应当被赋予权利和能力来批判性地反思国家和家庭所倡导的各种良善生活。这就要求将一部分教育权威授予职业教育者，从而对国家与家庭的权威做出了限制。她特别提出两项限制性原则："不压制"和"不歧视"。不压制是指禁止运用教育来限制人们对不同生活方式展开理性的审议与考量，这意味着提倡培养公民的"诚实、宗教宽容、互相尊重等品格"（第47页）。而不歧视要求让所有可教的孩子获得教育，使他们不被排除在外而足以参与到塑造良善生活的政治过程中，这是对不压制原则的一个分配性的补充。这两个原则是基于民主的核心价值，对正当的民主权威做出的限制。

由此可见，古特曼的理论意在阻止任何单一群体垄断教育权威，主张在培养审议能力与美德教育之间达成平衡。因为民主教育承诺了两种同等重要、不可割裂的价值：一是"创造（或重新创造）紧密的共同体"，一是"促进人们的审议选择能力"（第49页）。这样一种"有意识的社会再生产"得以使分歧的人们能生活在一个政治共同体之中，并共同分享公民的权利与责任，从而确保活跃与强劲的"审议式民主"——在她看来，这是真正值得追求的民主理想。

迷失的家园
——超越经济视野的房地产问题

房地产问题涉及许多特定的专业知识，对此，我完全是外行。今天听到许多专家的高见，受益良多。目前房地产问题造成的冲击和影响广泛而深远，仅仅作为单纯的经济问题来讨论似乎是不够的，我们可能也需要引入人文的、社会的和公共政策的视野。今天，我作为一个外行，愿意在经济领域之外谈一些粗浅的看法，求教于诸位。

首先，目前大城市的房价是否合理，或许也需要从社会心理和人文视角来观照。不同的专家之间有意见分歧，有的认为目前的房价之高已经处于"畸态"，有的则认为房价是城市化、市场化的结果，因此，现在的高房价是正常的。我想，判断一个势态是不是合理，或者是不是畸态，一方面要有实证研究的基础，一方面还要有恰当的判断标准，而判断标准就有点复杂了。在哲学意义上说，我们需要区分原因（cause）和理由（reason）。任何一个势态都有其生成的原因，否则就变得不可思议、无从解释了。但能够解释势态的原因未必就证明这个势态是合理的。一个人生病了，医生能够检查和解释导致病变的原因，但这不意味着就不是病态了。对于特大城市的房价也是如此。从人文和社会心态的角度看，那么多人集中生活在"北上广"和一线城市，那么多大学生都有意愿留在大城市，这当然有社会、文化和心理的原因，但这是合理的吗？在大城市中为生存空间而拼命地挣扎，物质和精神的代价都很高，使许多人处在非常焦虑的状态中，这是一种好的生活状态吗？当然可以说，谁觉得不好完全可以"逃离北上广"，但我们认真对待过许多人的两难困境吗？许多人既不愿离开，又不愿去三四线城市生活（刚才有位专家说，谁都不愿"过那种轻松但很无聊的生活"），怎么办？我们是不是就用一句"自作自受"打发了事呢？

比如，现在我们高校有一些很优秀的博士生就陷入这种两难困境。他们毕业了有机会留在上海，但压力巨大。如果没有家庭的支持，很难买房子安居。房价和个人收入的比例，美国的房价大概是大学毕业生起薪的五年到十年的年收入，而上海这样的大城市，大概是三十到四十年。学校招收博士毕业的年轻教师也会有住房津贴，但和今天的房价相比，根本是杯水车薪。我们当然可以说，博士毕业不必留在大城市，可是我们国家好的研究性大学基本上都位于"北上广"等一线城市。而美国有很多一流的大学（比如康奈尔大学，杜克大学等）都在中小城市。我们是不是就可以说，这是你自己的选择，你的焦虑是你自找的，因为这是现在的新常态，所以就是合理的呢？

房地产价格当然是一个市场问题，但影响市场和价格的不只是经济因素，房价也不只是物质生活的问题，也有公共政策问题。每个国家的房地产发展都是一个发展演化的结果，是现代化和城市化的一个必经过程，但我们的房价有自己的"特色"。大家都知道，导致高房价的要素之一是许多地方政府的所谓"土地财政"导向。一些地方官员在特定的任期内要做出显赫的政绩,土地财政能在较短时间内获得很高的财政收入。但土地财政的后果是在他们任期之后的长期而复杂的影响可能就被忽视了。所以,在多大程度上我们能说目前的房价是城市化"自然"发展的结果?是一个合理市场机制的必然结果?如果房价的构成要素包含人为的政策,那么对政策的评价就是题中应有之义,而评价标准本身需要超越经济增长和短期效益的视野,这是需要相关专家学者纳入考虑的问题。

第二,我们对住房需求的理解,也需要超越物质主义的理解。房子到底是一个必需品、商品,还是奢侈品?当我们谈"刚性需求"的时候,我们究竟在谈什么?"刚性需求"似乎是客观的物质需求,但在我看来,所谓刚性需求在某种意义上也是"心性需求"。比如,我们这代人在20世纪80年代初期或中期毕业的时候,如果学校分给你一栋筒子楼中的一间房,两个青年教师合住,就相当不错,如果筒子楼中有一个单间分给你一个人,那简直跟现在的豪宅一样,是高大上的条件,完全满足了"刚性需求"。但在今天,一个年轻教师如果在集体宿舍中有一个单间,会被认为没有达到基本的"刚性"生存条件,在征婚的时候就处在劣势。我不是说现在年轻人应当回到过去艰苦的环境,完全不是这个意思,而是想表明,所谓刚性需求或者基本生存条件不只是物质性的,也和社会文化心态有关,刚性需求渗入了"心性"的要素。单纯从物理生存的意义上说,一个人的身体不管有多高多宽,物理体积能有多大?最多也就3个立方米吧。那么为什么需要远大于身体体积的居住空间?除了人的感官体验,还有社会地位、身份认同和同伴期待等社会认知、文化和心态的要素。

所以，人的需求是复杂的，物质需要不只是生物性的需求。那么，我们在决定什么是必需品、什么是商品的时候，需要对现代普遍的生存标准有一个清晰的考察和认识，从而形成一个合理的标准。这个标准的设定直接涉及"廉租房"和"经适房"的建设水平。依据这个标准，公共政策的导向应当首先满足作为生存权的基本社会福利，但我们不能说，给你一个"胶囊房"就算满足你的生存权，所以我们需要澄清这个标准。

第三，学区房的需要涉及比居住本身更多，也更复杂的问题，其中包括基础教育资源的公平配置。学区房价格的飙升是一个显著趋势，其他许多国家都有这个问题，但在中国，这个问题似乎特别突出。这当然跟我们的教育观念有关系，中国许多家长有一种要孩子"赢在起跑线上"的观念，这当然是很成问题的观念。我反复讲过，教育首先不应当只是输赢问题，教育的目标是使一个人健全和幸福，而不是在非常狭隘的功利意义上论输赢。但就算以输赢而论，"赢在起跑线上"的策略似乎相当不成功。中国的中学生参加联合国教科文组织的学生资质评比，各项指标都遥遥领先于所有发达国家，但我们最终出现杰出科学家、艺术家和发明家的比例却要低得多，也就是我们在终点的成绩远远不如在起点那么领先。可以说，我们的教育让学生赢在了起跑线上，却输在了终点。这对流行的教育观念提出了一个挑战。

当然，批评"赢在起跑线上"的观点，主要针对的是"以考分论输赢"的错误导向，而并不是否认教育资源的重要性，也绝不是回避教育资源存在地区差异的事实。对学区房的竞争实际上就是对优质教育资源的竞争。但这里有两个问题特别需要反思：其一，这种竞争是有益的市场竞争吗？其二，基础教育资源是否应当作为商品被置于市场竞争之中？

先说第一点。市场竞争使得好学校周边的房价涨到每平方米10万甚至20万这种地步，不仅是疯狂的竞争，而且对社会整体来说是没有收益的竞争。康奈尔大学经济学教授罗伯特·H. 弗兰克（Robert H. Frank）曾经研究指出，在经济活动中存在不同类型的竞争，有些竞争能增进整体利益（比如企业之间的竞争会有利于整个消费群体），而有些竞争则相反，学区房就是如此。父母都想让子女就读好的学校，抢购好学校附近的住宅，导致优质学校周边的房价飞涨。父母们为此更加辛苦地工作挣钱，来提高自己家庭的购买力，但当众多家庭卷入这场竞争，最终付出的努力会相互抵消，结果仍然只有少数人能进入优质学校，但整个群体却付出了高昂的代价。比如说某个学区房能够容纳1000个家庭，学区房价格飙升之后，最终得到学区房的仍然还是那1000个家庭，但所有这些家庭都支付了更高的房价。这种竞争相当于国家之间的军备竞赛，是以更高昂的代价达到了原本可以达成的均势平衡。这种竞争是合理的吗？在理论上似乎是合理的市场竞争机制，却造成了一种荒谬的非理性结果。

再从社会公平的角度来看，学区房造成了优质教育资源分布不平衡的问题。政治学中关于社会公平有许多不同的理论，但大多数观点至少承认"机会平等"的主张。就教育而言，一个理想的公平社会应该对所有公民的子女提供基本上同等水平的基础教育资源（高等教育另当别论）。也就是说，无论孩子的家庭背景、民族、籍贯和性别等方面有什么差异，他们都应当"站在同一起跑线上"。当然，世界上没有一个国家完全实现了这种公平的理想，但这并不是放任资源配置不公平的理由。学区房的问题就是基础教育资源的分配在相当大的程度上屈从于财富的等级结构，形成了一种"富者通赢"的局面。也许，正是由于教育的"起跑线"越来越严重地被财富所扭曲，才会有那么多人为孩子可能"输在起跑线上"而恐慌。

我当然不是主张要回到旧时代的平均主义理念。应对这样的问题，也并不需要搞一场"均贫富"（绝对平均主义）的革命。有一种对于社会公平的设想称作"复合平等"理论，这是美国政治哲学家迈克尔·沃尔泽（Michael Walzer）提出的，其要点之一在于反对"赢家通吃"：任何一个领域的优势都不应当构成对整个社会资源的垄断。他主张将不同的社会领域尽可能分隔开来，允许每个领域有各自的优胜者，但防止某一个领域的优势越界扩张，延伸为其他领域的支配权。比如，财富的优势应该被限制在商品消费领域。一个富人可以开豪华的轿车、穿名牌的衣服或者去高级餐馆用餐，享受诸如此类的奢华"消费优势"。但无论他多么富有，也不能用钱来"买官"，因为这就将消费领域的优势转移到了政治领域。如果他犯罪被判刑，也不能用钱来减免刑期，否则就是以金钱优势操纵司法规则。同样，一个政府官员具有政治领域的权力优势，但不能以此而免费或低价享受商品和商业服务。在这里，"腐败"的含义就是将权力优势转换为消费优势。

从复合平等的角度来看，基础教育资源是一个独立的社会领域，它在本质上不是商品，也不应受到金钱的左右。实际上，免费的义务教育正是一种促进机会平等的制度性措施，在一定程度上抑制了金钱对教育资源的支配。就近入学的"学区政策"本来也是一种公平措施，但由于优秀师资和学校的地域分布不均，导致对学区房的购买竞争，优秀的公立学校也就变相地成为商品。凡此种种，都会使财富的优势扩张到基础教育领域。任何一个社会都存在贫富差异，但一个社会主义国家更有理由去防止"富者通赢"的格局。时下弥漫的"拜金主义"和"仇富心理"正是对"富者通赢"现实的两种极端反应。所以学区房并不只是一个经济问题，不应该单纯交给市场机制来解决，它涉及公共政策，涉及如何更为公平地配置公共资源。

开放的象牙塔

在互联网技术迅速普及的20多年间,出现了许多知识生产与传播机制的创新,形成了一种强有力的变革浪潮。所谓"知识付费"现象只是这股大潮中最新的波涛,有人为此兴奋,也有人深感忧虑,更多的人或许忧喜参半。初看起来,知识付费开拓了一种新颖的知识传授渠道,以非常有效的市场化手段提供知识产品,满足了大众的求知需求,这是值得称道和鼓励的创新。但深究起来,许多怀疑和忧虑并非没有理由。最常见而尖锐的质疑之一关乎知识自身的品格:在知识付费浪潮的冲击下,知识的独立性和自主性是否还能得到保障?知识的生产与传播是否会越来越屈从于市场逻辑的宰制而走向庸俗"堕落"?诸如此类的声音不只表达了批评态度,而且根植于影响深远的批判理论传统,尤其需要认真对待。

然而,批判理论本身也并不享有免于被批判的特权,如果将它视作理所当然的判准,反而会错失其最初蕴含的洞见,最终陷入陈词滥调式的教条。"市场邪恶论"几乎与"市场万能论"同样偏颇而可疑。因此,我们有必要在更具历史与时代敏感性的视野中,勘察与评估知识付费现象及其批评观点。本文就此做出一些初步的探讨和思考。

知识自主性的神话与现实

希腊哲人柏拉图曾对"知识"（episteme）与"意见"或"信念"（doxa）做出重要而著名的区别，自此之后，无论是否接受柏拉图的哲学思想，也无论对知识做出何种定义，知识被普遍认为具有特定的品质或满足特定的标准，不能混同于一般的见解、观点、想法或信念。知识由此获得了独特的价值和权威，而知识的生产和传授需要依赖特定的知识体制（episteme regime）来获得其信用保障：经过特定训练的具有资质的人群，依据一套原则和程序来展开，其成果必须达到知识共同体共享的合格标准。现代知识体制的典型就是学校与研究机构。由于知识的生产和传授要求特定的准入门槛，知识事业成为一个相对的独立领域，获得了高于一般意见的权威。

与此同时，知识被视为是有价值的，不仅对于人类发现真理具有内在价值，而且对技术发明、经济发展、政治治理与社会繁荣等具有可兑现的功用价值。这些重要的价值使知识获得某种特权，在相当大的程度上得以主张具有免于外部干涉的正当理由，无论这种干涉来自政治权力、市场需求还是大众意见。

因此，知识成为一个具有自主性的社会空间。在流行的"象牙塔"比喻中，知识生产与传播被视为远离尘世、高尚纯洁、受人尊敬而仰慕的事业。然而，"象牙塔"是一个神话。近一个世纪以来，从知识社会学的研究、批判理论到后建构主义的话语分析（尤其是福柯对知识/权力的研究论述），都揭示了知识生产与传播从来不是单纯自主的，而总是涉嫌与各种权力与利益的复杂纠葛。就此而言，那种简单判定"知识付费"就是知识走向堕落的主张，似乎是在执着于守护知识"女神"从不曾存在的贞洁。这并不是严肃的知识判断，虽然语出惊人，却无助于争取和维护知识事业的自主性。

在另一方面，所有对知识生产的批判论述仍然是"知识体制"内部的作业，也并未撼动社会大众对于知识权威的信奉与遵从。所有现代社会在相当大程度上都承认知识事业的自主性，都肯认知识的价值。知识仍然享有独特的权威。

我相信，存在正当的理由来维护知识事业的独立性与自主性。借用法国社会学家皮埃尔·布尔迪厄（Pierre Bourdieu）的术语来说，知识（学术）是一个独立的"场域"（field）。知识活动的评判标准、规范原则和文化资本应当首先是由场域内部自主生成和决定的。[1]他多次告诫，知识场域可能受到外部（包括权力与市场）的影响而威胁本身的自主性。在此尤其相关的是，布尔迪厄对"受限生产的场域"（a field of restricted production）与"大规模生产的场域"（field of large-scale cultural production）所做的区别。他指出，"大规模文化的生产领域，服从于占领最大可能市场的竞争规律，而与此相比，受限生产的场域倾向于发展其自身的产品评价标准。"所谓"受限生产"是一种面向"生产者群体"的生产，对知识

---

[1] Pierre Bourdieu and Loïc J.D. Wacquant, *An Invitation to Reflexive Sociology* (Cambridge: Polity Press, 1992).

场域而言,就是学术共同体内部的知识生产,其作者与读者是专业同行,而"大规模生产"是面向"非生产者群体"的生产,主要读者处于作者同行的共同体之外,允许了更多的外在力量的渗透,使得知识场域的边界变得模糊不清,自主化程度也相应降低。[1]

但与此同时,布尔迪厄对完全超脱或者全面介入的知识分子都持有怀疑的态度。因为知识的自由——成为独立自主的智识活动,并以独立于外部干涉的方式展开实践——无法在知识场域内部实现,而是取决于知识与社会世界的关系。这意味着知识场域不可能,也不应当与外部世界脱离隔绝。恰恰相反,维护知识自主性的努力要求摒弃那种超凡脱俗的象牙塔幻想,深入辨析外部力量(包括市场与国家的力量)与知识场域之间的复杂关系。

知识大众化与垄断的终结

无论是古代中国的科举制度,还是中世纪欧洲的神学研究与传授,知识从来不是与世隔绝的事业。近代以来,市场与国家都更深地介入了知识的生产与传播,推动了知识大众化的进程。

首先,技术革命带来了印刷术的成熟与普及,激发了知识传播的一场现代革命。在18世纪的欧洲,书籍与报纸杂志的大量发行,伴随着大众阅读的兴起,开始形成了较为成熟的知识市场。知

---

[1] Pierre Bourdieu, *The Field of Cultural Production: Essays on Art and Literature* (Columbia University Press, 1984).

识并不等于商品，但由此获得了明确的商品属性。罗伯特·达恩顿（Robert Darnton）所著的《启蒙运动的生意》（*The Business of Enlightenment*）提供了一个精彩的例子。[1]这本书生动地揭示了法国《百科全书》出版史中的商业秘密：启蒙知识促成了一桩大生意，这是大革命前"整个出版史上挣钱最多的生意"。而这桩生意又推动了启蒙运动的兴盛。可以说，正是狄德罗（及其启蒙贤哲的盟友们）与书商庞库克的共谋合作，才推动了这场伟大思想运动在社会中的广泛传播。启蒙运动远不是纯洁无瑕的，其中有商业逻辑的"威逼利诱"，也有与政府的交易、妥协与周旋。但如果没有庞库克代表的市场力量的参与，很难想象启蒙思想的影响力可以达到如此深度与广度。商业逻辑支持知识的大众化，这既可能使知识"庸俗化"，也会让知识获得强健的生命力。

同样重要的是，随着现代民族国家的兴起，出现了"国民经济"与"国民教育"的概念，极大地激发和促进了知识走向大众化的发展。知识始终具有特定的门槛，但呼应着国民经济发展与民主政治进程的历史潮流，让越来越多的民众得以越过这个门槛成为"有知识的国民"，变成了一种正当的要求。义务教育制度应运而生，有阅读能力的人口大幅上升，更加扩展了大众读物的市场兴盛，这推动了文化的现代转型进程：将拥有知识从少数精英的特权转变为普罗大众的基本权利。知识并未就此丧失其权威标准，但抵达这一标准在原则上是人人可为的。知识标准也随之演化为多样分层的体系，典型地体现为

---

[1] 罗伯特·达恩顿：《启蒙运动的生意：〈百科全书〉出版史（1775—1800）》，叶桐、顾杭译，北京：生活·读书·新知三联书店，2005。

教育资质分级与学位等级制度。

由此可见，市场与国家对知识的影响完全可能有积极正面的维度，这当然并不是说我们无须警惕外部影响对知识自主性的侵蚀，而是强调对这种影响的复杂性与两面性需要予以更细致的甄别和更中肯的评价，也需要注重考虑具体形态及其脉络。

今天我们正在见证新一轮的技术革命，互联网对人类交往模式造成了巨大的结构性冲击，生成了持续不断的压力和动能，促发知识教育事业的变革，其深远影响还远未结束。

首先，传播手段的多样化正在挑战学校教育的垄断地位。在互联网技术普及之前，现代教育极大地依赖于体制化的学校教育，知识市场只是发挥学校教育的辅助功能。从20世纪80年代初开始，中国出现了丰富多样的校外教育机制：从知识教育类的读物，到各种广播和电视教育节目（特别是外语教学），从针对少年儿童的"补习班"，到面向成人的培训课程，不一而足。但所有这些机制都只是学校教育的补充。然而，当网络技术应用发展到新的阶段，出现了越来越多的高品质的远程在线课程，这对传统的学校教育的影响不只是补充，更是一种挑战，其长远的挑战性还未被充分重视。

在我看来，网络在线教育将会带来一种结构性的变革，就是从"传授者中心"向"接受者中心"的转变。比如，任何一所学校开设的经济学导论课程，现在都会面对网络在线课程的竞争压力，学生很容易在网上找到上百种同类课程的资源，择其优者来对标自己课堂上教师的水准。虽然教师仍然可以依凭注册学分与成绩裁决对学生拥有权力，但其知识的权威性将面对超越自己课堂（甚至是全球性资源）的竞争压力。因此，选择优势正在转向知识接受者一方，本校开设的任何课程不再是同类知识的唯一来源，接受知识有了更多和更优的来源选项。学校教育仍然具有资质认证（学历和学位）的垄断优势，但这种优势如果离开了其原本依据知识权威优势，终将不可持续。"教师越来越难当，学生越来越挑剔"将会成为不可逆转的趋势，学校将会失去其知识传授的垄断地位。象牙塔并不会就此倒塌，但无论情愿与否，都将变得更加开放。

其次，网络时代带来传播方式的一个结构性变化：从"一对多"（one to many）的中心辐射方式，转向"多对多"（many to many）的去中心化的发布方式。对教育而言，集中化的知识权威依赖中心辐射的传播方式，也正在遭遇"多对多"传播模式的挑战。目前，优质的网络在线课程绝大多数是由名牌大学的优秀教师所提供的，而去中心化的进程将会溢出学院体制的内部竞争，将知识生产的权利向全社会开放。信息技术应用的新进展（包括移动用户端的普及与在线支付的便捷）为形成一个更丰富多样的知识市场提供了有利的条件。

面对市场化的挑战

知识生产与传播的准入门槛大大降低。任何个人或团体只要具备某种"稀缺性"的专长知识，就可能成为潜在的生产者和传授者，进入知识市场。在鱼龙混杂的知识生产者中，具有学院体制认可的资质（学历、研究成就和教学经验等）可能有助于提升其市场价值，但不再是决定性的。"销售业绩决定成败"的市场逻辑越来越占据主导地位，法律措施能够制约一些严重的假冒伪劣者，但绝大多数水平低劣的知识产品只能依靠市场竞争来淘汰。

由此，市场不只提供了一种优胜劣汰的竞争机制，同时还建立了一种评判知识产品优劣的标准，这是一种不同于传统教育的另类标准。"潘多拉的匣子"被打开了，其中蕴含的风险确实令人关切。

我们知道，商品属性只是知识的多种属性之一，而且并不是其界定性的特征。知识的价值也无法等同于其市场需求价值。知识市场的消费需求很难清晰体现知识的内在价值（探索和发现真理），甚至难以全面反映其功用价值。因为人的购买欲望是社会文化塑造的，也会受到广告等行销手段的操纵。在市场竞争中，天文学未必能战胜占星术，严肃的心理学或人生哲学很可能败给似是而非的"心灵鸡汤"。有时我们甚至难以辨别淘宝网上购买的商品对我们的真正用处，更何况知识这种（兼具认知、精神和伦理意义的）特殊产品，其功用价值的恰当评价依赖于更具反思性的判断。显然，新兴的知识市场无法避免"劣胜优汰"的风险，这对知识场域的自主性构成了明确而严峻的挑战。

我们应当如何应对这个挑战？彻底封杀知识市场，让知识完全掌控在象牙塔的垄断之中，这似乎是一个选项，但在新技术条件下几乎不具有可行性，而且将损失知识市场的正面功能和积极意义。学院体制的知识生产和传授本身具有过度精英主义和学科规训的保守性，需要接受反映时代变迁的外部力量的激发而保持变革的活力。具有900多年历史的牛津大学，只是在1996年才创建了商学院，这就是一个例子。至今仍然有人将商学院视为牛津大学的"堕落"，但如同历史上"经院哲学"的没落一样，这种指责更像是学院保守派在"象征资本"竞争中的挫败与焦虑的征兆，以捍卫知识自主性的名义来守护自身的文化资本，这在历史上屡见不鲜。

如果传统教育体制的垄断终将结束，那么我们需要一个更开放的象牙塔。这意味着学院体制将接受来自外部世界的挑战，将此转化为自身变革的动力，这也要求一部分心怀伦理与社会关怀、学术训练良好的教师走出象牙塔，进入并改良新兴的知识市场。改良并不是天方夜谭，这实际上是在艺术市场（音乐、美术和电影）中已经发生很久的故事，有许多经验教训可资汲取。如何做到"通俗而不庸俗"，学会何处需要坚持、何处可以变通，如何让讲述变得更为明晰透彻并具有吸引力……以更为"用户友善"的方式传播知识的精髓，对于教师绝非易事，需要一种新的学习和磨砺。但只有当知识事业以更有效的方式介入市场，才有可能将知识场域的自主原则渗透扩展到市场内部，建立"销售业绩"之外的信誉和评价标准，从而建立一个制约盈利垄断一切的多样化的良性市场。我认为，这是教育工作者在这个时代的伦理责任之一。也是在这个意义上，我相信"介入是最好的坚守"。

共享视角的瓦解与后真相政治的困境

　　新近出现的流行术语往往含义模糊不清，也容易被误用和滥用，"后真相"或许更是如此（如果我们已经迈入了后真相时代，那么讨论"后真相"本身的"真相"也必定是有争议的）。我们首先需要做一个简要的概念梳理。严格地说，后真相并不是一个新术语，它最早出现在1992年《国家》杂志发表的一篇文章中，自2004年之后在美国的时政评论中被更多的作者使用。而到了2016年，在对英国脱欧以及美国特朗普竞选总统的分析讨论中，"后真相"一词迅速流行，使用频度比上一年上升了2000%，因此被《牛津词典》选为2016年的年度词汇。在词典中，"后真相"（post-truth）定义是："关涉或表示这样一些境况（circumstances），在其中，客观事实比诉诸情感和个人信念对公共意见的塑造影响更小。"词典还提供了一个例句："在这个后真相政治的时代，很容易自行选取数据材料（data）

而达成你所喜好的任何结论。"[1]

依据这个词典释义，我们可以提出两点阐发。首先，后真相议题目前着眼于"公共意见"的形成，因此，主要是一个政治文化问题。在行业规范、专业学术研究等其他领域，也出现了类似的现象，但尚未受到明显的困扰。而在私人生活领域中，后真相的麻烦与纠纷或许屡见不鲜，但并未成为关注的焦点问题。其次，后真相情景并不完全否认真相或彻底无视真相，而是与真相处在一种复杂的若即若离、似是而非的关系之中。在研究者列举的典型后真相案例（比如2016年美国总统竞选活动）中，人们并不公然否认"事实"的存在，也不否认援用事实证据的必要性，甚至频繁地使用"数据资料"作为依据来"论证"自己的主张，因此在表面上似乎仍然"重视事实"。但另一方面，人们在公共讨论中往往被自己的情感因素和个人信念所主导，当事实真相与自己观点发生冲突时，很少有人致力于质疑、反思、修改和调整自己既有的观点，而有越来越多的人倾向于在现有的数据资料中做片面的选择取舍，通过"改造事实"，甚至"操纵证据"来达成自己喜好的结论。在后真相的政治文化中，人们以往熟知并承诺遵从的"从事实证据推出结论"或"结论服从于事实"的逻辑规则发生了逆转，转变为"让事实证据服从于既定的结论"。后真相时代与"事实胜于雄辩"的原则渐行渐远，而"雄辩胜于事实"的现象似乎蔚然成风。

---

[1] 《牛津词典》对"后真相"定义的英文原文是："Relating to or denoting circumstances in which objective facts are less influential in shaping public opinion than appeals to emotion and personal belief."参见https://en.oxforddictionaries.com/definition/post-truth.

那么，后真相状况何以会出现？造成后真相政治文化的原因究竟是什么？我认为在复杂多样的成因中，理论和实践两方面的缘由都值得探究。就理论逻辑而言，真相问题是现代哲学长期未决的难题，这为今天出现的后真相现象"留下了隐患"。但这只是理论上的可能性（隐患），并不必定表现出实践效应（征兆）。在实践层面上，近年来，全球化和新技术文明的急速发展，在欧美国家造就了特定的社会文化条件，促成了这种理论的逻辑可能性"显形"为具体的社会现象，哲学难题因此彰显为值得关注的政治文化困境。

尼采的幽灵与真相的哲学难题

后真相问题有其深刻的理论背景，在笔者看来，最为相关的哲学渊源是一个多世纪前尼采对事实真相客观性的挑战。尼采曾在《超善恶》的序言中写道："视角（perspective）是所有生活的基本条件。"而在其遗稿"札记"（Nachlass）中，他留下了著名断言："没有事实，只有阐释。"这个被哲学界称为"视角主义"（perspectivism）的观点是尼采哲学的核心思想之一，也为今天的后真相时代埋下了伏笔。

对于如何理解视角主义，哲学界一直存在争议（这再自然不过了，根据尼采自己的逻辑，我们可以说，没有所谓"真正的尼采"，只有对尼采的各种阐释）。有人认为，尼采在根本上反对形而上学的"实在论"，因此，他彻底否定事实本身的存在。但也有人认为，视角主义可能仍然承认事实的存在，只是坚持主张，独立于视角和阐释的事实或真相是一个虚构——只有从虚构的"上帝之眼"这种全知视角才可能把握，这是人类不可企及的，因此对我们完全没有意义。但无论如何，对尼采而言，绝对客观的事实真相要么不存在，要么不可企及，因此"客观知识"就不再可能。那么，失去了客观性标准，所有视角和阐释都没有高低对错之分吗？尼采似乎并不肯认这种极端的相对主义，因为他自己反复论述，各种视角、道德或生活方式存在着高低之分——有些是高明的，值得赞扬的，有些是卑下的、扭曲的。但如何可能在放弃真相（真理）客观性的同时不陷入相对主义？这是尼采思想研究中令人困扰的一个问题。

视角主义与后真相问题还具有一个重要的关联线索，可称之为"视角制造事实"的思路。尼采的视角主义并不只是强调所有事实论述都涉及阐释，而阐释取决于我们的视角。他对传统哲学的挑战远比"阐释无所不在"这种通常的见解更具颠覆性。视角主义的激进主张在于，视角本身是要"创立"而不是"发现"价值的尺度，包括什么是善，什么是正当，什么是道德，也包括什么可以算作"恰当证据"的标准。如果所谓"事实"就是满足了"恰当证据"的事务，而恰当证据的标准又是视角所创立的，那么"没有独立于视角的真实世界"意味着"事实"在一定意义上是视角所制造的。

"视角制造真相"听上去匪夷所思，可以用一个最近的现成例子来说明：特朗普眼中美国就业率的事实。美国近八年来的就业明显增长被认为是奥巴马执政期的重要成就之一。在他就职之初的2009年1月，美国失业率为7.8%，到他卸任时的2016年1月，失业率降低至4.8%，达到经济学通常的"充分就业"标准。但特朗普在竞选期间，一再强烈指控这些失业率数据完全是虚假的（phony），使用的统计方法完全不可靠。他反复声称美国失业问题严重，"实际的失业率是28%～29%，可能高达35%左右，甚至听说是42%"。在此，特朗普从自己的视角出发，建立了自己的"恰当证据"标准，质疑了美国劳工统计局（Bureau of Labor Statistics）所颁布数据的可靠性，从而制造了美国失业问题严重的"事实"。但在特朗普上任后，最新发布的2017年2月的失业率小幅下降到4.7%，特朗普为此感到非常高兴，认为这显示他的"新政"具有显著成效。白宫新闻发言人转述了特朗普对失业率数据的评论："过去那些数据可能一直是虚假的，但当前是真的很低。"在此，特朗普肯定了新的统计数据，符合他现在视角下认可的恰当证据标准，从而确立了"美国当前就业充分"的事实。他似乎完全不用理会，前后所有的数据都是由美国劳工统计局以同样的调查统计方法获得和发布。此前作为竞选者和现在作为总统，特朗普身份的变化改变了他的视角，也改变了他的证据恰当性标准，从而制造出两种不同的就业率"事实"——这是后真相风格的事实，带有"不管你信不信，反正我是信了"的神韵。

那么，真相本身究竟是否存在？如果存在，我们是否可能以及何以能够认识真相？在专业哲学领域中，关于现实世界是否存在，我们的知识是否建基于符合客观现实的反映或认识，自然世界与社会世界的现实具有怎样的联系与区别等问题，存在着持久而复杂的研究和辩论，形成了本体论与认识论的不同观点以及各种立场的组合，至今没有统一的定论。就此而言，尼采并不是唯一的"麻烦制造者"。

当然，哲学家的难题通常不会困扰人们的日常生活。普通大众的现实感或常识观念大约来自一种朴素的本体论的"实在论"（realism）与认识论的"符合理论"（correspondence theory）的结合：现实世界客观存在，真相（或真理）是符合客观现实的知识，知识可以获得严格的客观性检验。依靠这些朴素的观念，人们大多可以理解自然世界的现象，也能够维持社会生活的正常运转。因此，我们一般不必去理会尼采。病人在医院看病时不会从视角主义出发去质疑医生的诊断（我们不会说，在医生的视角中病人患有高血压，而从病人的视角看来这不是事实）。视角主义似乎与我们的常识感相悖，因为心智正常的人确实一致同意许许多多事实真相：北京是中国的首都，冬天比夏季寒冷，商品降价有助于销售……这些事实独立于任何人的主观视角，具有不容置疑的客观性。那么尼采对此又会做何解答？依据视角主义的观点，独立于视角的所谓"客观事实"不过是一种错觉，实际上是因为在这些问题上我们具有共同的视角，得出了一致的阐释，才造成了"客观性"的感知。当代有些科学家也主张，现代科学不需要假设存在着独立于视角的客观现实。比如物理学家霍金在《大设计》（*The Grand Design*）一书提出的"模型依赖的实在论"（model-dependent realism），这种观点已经放弃了古典的实在论立场，但仍然能坚持科学知识的客观性。

视角主义的启发意义在于，真相的"客观性"依赖于"共同视角"，如果我们大多数人能够共享相同的视角，那么作为"合理幻觉"的客观性仍然能够维持。就此而言，好消息是，人类在许多问题上分享着共同的视角，由此达成的共同阐释可以作为"客观事实"被接受；但坏消息是，我们在许多问题上并不总是具有共享的视角，一旦彼此的视角存在严重冲突，仅仅诉诸事实真相对解决分歧可能无济于事，因为真相本身恰恰是分歧的焦点之一。此时，尼采的幽灵会浮现出来，视角主义的理论逻辑会彰显其实践性，成为社会、文化和政治的困境，这或许正是2016年欧美国家政治变局的状况特征。

视角分化与后真相政治的困境

现代性与多样性往往是共生现象，在充分现代化的欧美国家，社会的多样性与差异性不仅程度更高，而且具有更复杂的多重维度：种族、职业、性别、居住地、教育程度、经济阶层、宗教信仰、文化身份和价值取向等，这些因素影响着人们的利益感知、道德态度、认知方式和情感结构等，构成了人们的视角，这些维度的极端差异会造成视角的严重分化，导致在政治、文化和公共政策问题上社会共享视角的削弱乃至瓦解，这促成了后真相时代的来临。而社会世界的事实比物理世界的事实具有更强的理念建构性，也因此对于视角的差异更加敏感，更容易导致对何为真相的阐释分歧：全球化推动了经济发展吗？美国硅谷的从业人员与中西部"锈带"地区的工人对此可能做出不同的真相判断。全球气候变暖主要是由人为因素造成的吗？煤炭、石油行业的企业家与新能源企业的创业者可能会诉诸不同的"事实"证据。人工堕胎实际上是杀害生命吗？基督教徒与非教徒之间可能发生意见冲突。穆斯林移民与人口增长将会颠覆西方文化传统吗？左翼知识青年与文化保守派人士可能有完全不同的阐释……

同样重要的因素是技术条件所造就的传播环境。在更早的时代里，公众意见的多样性难以充分表达，主流媒体的权威声音可能通过排斥和整合，控制多样性的程度，达成某种基本共识，而共识效应又反过来发挥了限制视角分化的作用。而当今网络与社交传媒的发展，创建了崭新的交往与传媒方式，公共发言几乎不存在任何的门槛，"随便什么人对随便什么问题都可以随便地说些随便的话"。公共领域呈现出前所未有的众说纷纭的局面。这种局面导致了传统知识权威的衰落，却未必能促进开放和理性反思的公民政治文化。网络传媒依据特定的个人浏览偏好，通过"算法"自动推送相关内容，以及社交媒体朋友圈的"回音壁"效应等，都倾向于固化人们既定的价值和观点，从而使同类人群更加固执己见，同时加剧了不同人群之间的视角分化。新的传播与交往模式也是造就后真相政治文化的成因。

后真相状态呈现出一种深刻的挑战：我们以往长期信奉的公共交往原则和规范——事实胜于雄辩，真理越辩越明，真相面前人人平等——都不再是自明正当的，也不再能够有效地应对公共意见的分歧。共享视角的瓦解将会使民主政治陷入严峻的危机。大多数政治理论的研究表明，现代民主政治要求公民肯认最低限度的共享价值和政治规范原则，这在根本上需要在公共文化中养成。否则，民主制度的程序无法有效地运转，或者蜕变为压制性的权力机制。如何重建与民主政治相适应的公共文化是一项极具挑战性的艰难任务。就此而言，对视角主义本身的不同阐释，可能带来不同的前景。如果以教条主义方式来解读，每个人都只能从自己的视角出发，那么固执己见和无休止的分歧将是宿命性的后果。但以教条主义来解读尼采，这本身是巨大的讽刺。我们有可能以另一种方式从尼采的洞见中获得启示：恰恰因为"上帝之眼"的视角不再可能，我们每个人的视角只是众多可能的视角之一，这使得谦逊成为必要，这邀请我们向其他更多的视角开放、倾听、理解和学习，这在我看来也是尼采本人赞赏的态度，正如他在《论道德的谱系》中写的那样："我们越是知道更多的眼睛、不同的眼睛是如何打量同一个问题的,那么对此问题我们的'概念'以及我们的'客观性'就越是会完整得多。"[1]个人视角并不是"给定的"(given)而是形成的。虽然视角的构成要素相当复杂,改变也不容易,但不是凝固不变的。自我视角的转变、跨视角的移情理解以及不同视角之间的融合,虽然这总是困难的,却也总是可能的,这在后真相时代比以往更加重要和紧迫。这种可能性蕴含着重建公共文化和应对后真相政治困境的希望。

---

[1] Friedrich Nietzsche, *On the Genealogy of Morality*, Translation and Notes by Maudemarie Clark and Alan J. Swensen (Hackett Publishing, 1998), p.85.

思想工业与明星学者

公共领域正在发生一场工业革命,过去的"思想市场"(the marketplace of ideas)已经转变为"思想工业"(the Ideas Industry)。牛津大学出版社在4月出版《思想工业》一书,作者丹尼尔·德瑞兹纳(Daniel Drezner)是塔夫茨大学(Tufts University)国际政治系的教授,也曾从事智库研究工作并为《华盛顿邮报》撰写专栏,他对思想工业的成因与特征提出了独到的观察分析,《新共和》和《金融时报》等多家报刊对此发表过书评。[1]

德瑞兹纳指出,今天的知识阶层已经不再可能像20世纪50年代《党派评论》(*Partisan Review*)的撰稿人那样远离市场、社会或国家,而是受到多种力量的显著影响。《外交政策》杂志每年隆重推出的百名全球思想家名单,各种高端会议、演讲和论坛的兴起,使知识分子以过去难以想象的方式与政治、经济和文化的精英们相聚

---

[1] Daniel W. Drezner, *The Ideas Industry: How Pessimists, Partisans, and Plutocrats Are Transforming the Marketplace of Ideas* (Oxford University Press, 2017).以下观点源自此书的导言部分。

结交。各种"大观念"活动——TED年会、阿斯彭思想节（Aspen Ideas Festival）、梅肯研究院（the Milken Institute）全球会议，以及世界经济达沃斯论坛、博鳌亚洲论坛和瓦尔代国际辩论俱乐部（Valdai Discussion Club）等——风起云涌，往往邀请具有挑衅性新观点的思想家，他们更能够满足与会者的好奇心，也更能吸引媒体的关注。"二十一世纪的公共领域比以往更开阔、更响亮，也更有利可图。"

热衷于传播挑衅性思想的平台、论坛和渠道数量爆炸式增长，同时带入大量资金的运作，在思想工业的兴起中发挥了重要作用。对思想需求的激增会使整个知识阶层受益，但思想工业有其特定的奖赏偏好。在此，作者区分了公共领域中两种不同类型的参与者：公共知识分子（public intellectuals）与"思想领袖"（thought leaders），他们都介入思想创造活动，但彼此的风格和目的相当不同。作者借用以赛亚·伯林的比喻说，公共知识分子是知道许多事情的"狐狸"，而思想领袖是专注于一件大事的"刺猬"。前者是批评家、悲观的怀疑论者，而后者是创造者、乐观的布道者。公共知识分子通常是受过良好学术训练的大学教授，比如诺姆·乔姆斯基（Noam Chomsky）、保罗·克鲁格曼（Paul Krugman）、玛莎·纳斯鲍姆（Martha Nussbaum）或者吉尔·莱波雷（Jill Lepore）。他们崇尚专业学术标准，善于在众多议题上展开批评分析。而思想领袖充满自信地传播自己创造的新理论，比如罗伯特·卡根（Robert Kagan）、尼尔·弗格森（Niall Ferguson）、托马斯·弗里德曼（Thomas Friedman）或者娜奥米·克莱恩（Naomi Klein）。他们能够以一个视角或一套系统思想来解释非常广阔的现象，并愿意影响和改变人们的观念。

德瑞兹纳分析指出，目前思想工业的需求与奖赏明显倾向于思想领袖而不是公共知识分子，原因在于三种相互关联的趋势：对体制权威信任的衰落、社会政治的极化以及经济不平等的迅速加剧。这三种要素形成了动荡不安与高度不确定的社会氛围与心态，也塑造了思想工业的供需结构。人们对新思想以及思考世界的活跃方式产生了强烈的需求，迫切期待具有开阔而明确理念的思想领袖，而不是在学理上纠缠细枝末节的公共知识分子。公共领域的革命就像农业革命和制造业革命一样，会带来赢者和输家，导致知识阶层的大动荡，也会改变目前的思想生态系统。作者认为，思想工业的结构性不平衡需要认真对待，但简单地抨击思想领袖降低了公共话语的品质却是一种苛责。在思想世界中，实际情况远比"今不如昔"的伤怀论调复杂得多。数十年来，学者们一直抱怨大众文化的粗鄙状况，那么面对更加广泛的对新思想的渴望，以及回应这种渴望的努力，我们就不该沮丧或苛求。实际上，两类人物在民主社会的公共领域中各自都能发挥重要的作用。公共知识分子常常被指责为具有精英主义倾向，但他们的批判揭露了伪装成智慧的陈词滥调，而思想领袖往往由于涉嫌学术上草率肤浅而受到嘲讽，但他们创立和传播的新观念能够在变化多端的时代提供具有启发性的视角和方法，以激发人们去重新想象这个世界。

随着思想工业的兴起，各个国家都出现了一批活跃在大众媒体与网络的明星学者，在获得广泛声誉的同时也引发了许多质疑。《纽约时报》杂志在10月18日刊登了长篇特写《当革命向卡迪袭来》，讲述了一位40岁声名鹊起的女学者在学术上受挫的经历。[1]艾米·卡迪（Amy Cuddy）在普林斯顿大学获得社会心理学博士学位，随后在哈佛大学商学院任教。她在2012年的TED演讲中介绍了自己与合作者的一项研究成果——"权力姿态"（power poses）效应：如果我们有意识地摆出更为权威和自信的身体姿势，那么就会在社会交往中逐渐变得更加从容自信。她建议大家坚持练习各种自信的身体语言，将有助于获得更出色的工作和生活成就。这个演讲视频在网络上的访问量高达4300万次，造成了现象级的轰动。卡迪的著作也成为风靡市场的畅销书。

几乎与此同时，社会心理学界正兴起一场"方法论改革运动"，对许多既有的权威成果发起挑战。卡迪的研究也受到了学术同行的质疑，许多学者以新的研究方法发现，所谓权力姿态效应缺乏实验的"可重现性"（replication）。卡迪的反驳与自我辩护招致了更强劲的同行批评，她显赫的名声与丰厚的商业收入也在社交媒体上遭受攻击。在陷入多年激烈争论的旋涡之后，卡迪的合作者终于接受了批评，公开声明"权力姿态效应"是不真实的。卡迪感到孤立与沮丧，但仍然奔赴拉斯维加斯的演讲台，面对万名听众宣讲她的理论。然而，她已经感到自己在专业领域很难再有容身之地。2017年春季，卡迪离开了哈佛大学，放弃了她的长聘轨教职。

德国有享誉世界的哲学家，大多是"高冷"的格调。终身居住在哥尼斯堡的康德，或者黑森林小木屋中的海德格尔，只是"知识

---

[1] Susan Dominus, "When the Revolution Came for Amy Cuddy," *The New York Times Magazine*, (Oct. 2017).

小众"钦慕的偶像。但这一切已经发生了变化。《外交政策》杂志在7/8月号发表文章，题为《德国哲学终于爆红，这将是它的毁灭吗？》，作者斯图尔特·杰弗里斯（Stuart Jeffries）是《卫报》的专栏作家（他2016年发表研究法兰克福学派的著作《深渊大饭店》获得广泛赞誉）。他探讨了当今德国出现的"摇滚明星"哲学家现象，及其与德国哲学演变的渊源关系。[1]

在新一波的德国哲学中，理查德·大卫·普列斯特（Richard David Precht）是最著名也是最受追捧的人物之一。他1994年在科隆大学获得哲学博士学位，目前担任吕讷堡大学（Leuphana Universität Luneburg）的荣誉教授，写作小说和非虚构作品，其中探索自我问题的大众哲学读物《我是谁？如果有我，有几个我？》被译作32种语言（包括中文），全球销售总量超过百万。他英俊的外表与极富魅力的表达备受媒体青睐，不仅作为嘉宾频频亮相，而且还在德国电视台（ZDF）开办了一档自己的电视节目，直接冠名为"普列斯特"，据称吸引了近百万观众。在某种程度上，普列斯特几乎是法国哲学家莱维的德国翻版。

但专业哲学界对他颇有微词，有人称他为"哲学表演家"或者"职业的普及者"，普列斯特却对此毫无愧疚感。他一直主张，哲学必须走出象牙塔与大众对话，从而保持这个学科的现实相关性。他心目中的哲学家是富有吸引力的人，过着振奋而坚定的生活。他们这一代哲学要探寻自己的道路与观念，与前辈教授们那种"无用的学院派

---

[1] Stuart Jeffries, "German Philosophy Has Finally Gone Viral. Will That Be Its Undoing?" *Foreign Policy*, Jul./Aug. 2017 Issue.

哲学"相距甚远。

上一代德国哲学家并不缺乏关切时代的问题意识,只是他们不愿直接面向大众发言,法兰克福学派的灵魂人物西奥多·阿多诺(Theodor Adorno)就是如此。文章回顾了他的一场戏剧性遭遇。1969年4月22日,阿多诺在歌德大学举办系列演讲,正要开场时被学生抗议者打断。有人在黑板上写下"如果让阿多诺留在安宁之处,资本主义将永远不会停止"。然后有三名女性抗议者裸露胸脯围绕着他,朝他身上投撒花瓣,阿多诺仓皇逃离演讲厅。他陷入抑郁并取消了演讲,几个月后就去世了。这次所谓"胸袭行动"(Busenaktion)事件后来被一位评论者阐释为实践与理论的对峙:一边是赤裸的肉体在实践"批判",一边是苦涩失望的批判理论大师,"不是赤裸裸的暴力,而是裸体的力量,才让这位哲学家无言以对"。骄傲的德国哲学似乎经不起任何现实的挑衅,而这正是抗议者选择针对阿多诺的原因:"他表面上是一位马克思主义者,却蔑视他们的行动呼吁。当革命需要行动的时候,他退却到理论之中。"

从阿多诺之死到今天媒体明星哲学家的兴起,德国哲学发生了深刻的变化,而转折性人物是哈贝马斯(阿多诺曾经的助手,也是法兰克福学派的第二代领袖)。他在1979年的访谈中就质疑了批判理论的前提——"工具理性已经获得了如此支配性的地位,以至于无从走出幻觉的总体系统,在此,只有孤立的个人才能在灵光闪现中获得洞见"。在他看来,这种洞见既有精英主义又有悲观无望的局限。哈贝马斯以俄狄浦斯式的弑父反叛改变了德国哲学的方向。他自己的学术生涯不仅实现了哲学与政治理论、社会学和法学理论的综合,而且深度参与了公共领域的思想论辩，从反思纳粹德国的罪行到构想欧盟的民主宪政原则。哈贝马斯实际上担负了一种桥梁作用——从阿多诺悲观而精英化的哲学风格，通向新消费主义的哲学复兴。然而，批评者仍然会指责，与哈贝马斯追求的"交往理性"乌托邦理想相比，很难说那些热衷于电视节目和畅销著作的新浪潮哲学家们具有同等的品格。因此，至关重要的问题在于，哲学的大众化消费是否会失去思想的复杂性？德国哲学对日常生活的批判分析传统是否会在流行化中衰落？倘若如此，哲学的这种新消费主义版本实际上只是掩盖其衰落的面具，而并不是复兴的标志。如果它确实在走向衰落，那么德国哲学已经签订了歌德所谓"浮士德协议"——以交付深刻来换取流行。

然而，流行并不注定流于肤浅。马库斯·加布里埃尔（Markus Gabriel）为此提供了一个范例。这位1980年出生的年轻学者，在29岁时成为德国有史以来最年轻的哲学教授，目前在波恩大学就任认识论讲席教授，已经发表了20部哲学著作，既有精深的研究专著，也有较为通俗的作品。

在广受赞誉的《为何世界不存在》一书中，他同时批判了科学的傲慢以及后现代的相对主义黑洞，而且写作的文风遵循了维特根斯坦所确立的原则——"凡是能被言说之事，都能被清晰地言说"。这部著作获得了国际畅销的商业成功，同时也保持了思想的深刻与严谨。他的新书《我不是一个大脑：21世纪的心灵哲学》也是如此。加布里埃尔的成就证明，那些以为大众不能也不该阅读哲学的前辈哲学家过于保守了，严肃的哲学家依然可以吸引广泛的读者而无须变得圆滑或肤浅。在德国哲学的当代潮流中，可能蕴含着比"浮士德协议"的隐喻更为微妙复杂的线索。无论如何，2017年的德国哲学呈现出某种繁荣的景象。《哲学杂志》发行量达到了10万份，选读哲学课程的学生在过去三年中增加了30%左右，而每年6月的"科隆哲学节"能吸引上万名游客到访这个城市。

科学探索与政治正确的争论

我们的身体与人格特征究竟是由先天遗传因素决定的，还是在社会文化环境中养成的？这种非此即彼的提问方式本身是错误的。所谓"先天"对"养成"（nature vs. nurture）的争论由来已久，但学术界很少有人信奉"基因决定一切"的极端立场，也没有人会完全否认遗传因素的作用。

主张种族（race）之间有先天的智力高下之分，是种族主义的观点，但这种言论出自詹姆斯·沃森（James Watson）之口则相当令人困扰。沃森被誉为"DNA之父"（DNA双螺旋结构的发现者之一），1962年获诺贝尔奖，还曾主持"人类基因组项目"，是蜚声世界的生物学家。2007年，他因发表"他们（黑人）的智力与我们（白人）不同"等言论，引起舆论哗然和学界抨击，最终他为此公开道歉，随后从他工作了40年的冷泉港实验室退休。

2018年，美国公共广播公司（PBS）的"美国大师"系列完成了纪录片《解密沃森》（*American Masters: Decoding Watson*）

的制作。[1]在12月中旬发布的预告片中，沃森对于被人贴上"种族主义者"的标签似乎流露出轻蔑态度，引人关切。新年第二天，纪录片正式播出后，沃森在访谈中明确重申了曾遭批评的观点——"黑人与白人之间的平均智商存在差异"，将此归因于"基因差异"。十天之后，冷泉港实验室发表声明，谴责沃森"误用科学为偏见辩护"，宣布解除他所有荣誉头衔（包括名誉主席、荣休教授和名誉董事）。[2]在其官方推特发布的这项声明之下，很快出现了几百条读者留言。[3]令人吃惊的是，绝大多数评论对沃森表示同情，许多人提出了一个貌似有理的质疑：沃森的观点可能在政治上不正确，但如果在科学上是真实的呢？难道科学真理应当屈从于政治正确的管制吗？

对于这种铿锵有力的质疑，有一种斩钉截铁的回应：沃森的这种观点首先在科学上是错误的（虽然他是一位科学大师），因为在生物学意义上，"种族"类别（白种人、黑种人、黄种人等）并不存在，这早已是学术界的普遍共识。[4]许多人误以为不同的肤色表达了种族之间显著的群体基因差异，但肤色差异并没有这种代表性。基因差异主要存在于个体之间，但差异性高低完全不对应所谓"种族"分类。

---

[1] *American Masters: Decoding Watson*, Premiere date: January 2, 2019, http://www.pbs.org/wnet/americanmasters/american-masters-decoding-watson-about/10863/.

[2] "Statement by Cold Spring Harbor Laboratory addressing remarks by Dr. James D. Watson in '*American Masters: Decoding Watson*'," January 11, 2019, https://www.cshl.edu/statement-by-cold-spring-harbor-laboratory-addressing-remarks-by-dr-james-d-watson-in-american-masters-decoding-watson/.

[3] 冷泉港声明的推特：https://twitter.com/cshl/status/1083765175017267201.

[4] Elizabeth Kolbert, "There's No Scientific Basis for Race—It's a Made-Up Label," in *The Race Issue*, a special issue of *National Geographic*, April 2018, https://www.nationalgeographic.com/magazine/2018/04/race-genetics-science-africa.

比如，一个人与种族内部某个成员的基因差异，很可能超过与种族之外某位成员的差异程度。社会生活中使用的种族分类，是文化和政治塑造的概念（所谓"社会建构"），并不具有对应的生物学依据。这是目前生物学和人类学界的主流观点，已经有大量的研究证据支持，也有许多相关的科普作品传播。

那么，生物学真相与政治正确从此就能和谐共处了吗？未必。哈佛大学教授戴维·赖克（David Reich）微妙地发出了一种不和谐的"噪声"，可能"软化"了斩钉截铁的正确答案，激起广泛争议。赖克年仅45岁，已经在遗传学领域做出了许多重要贡献（包括2010年领导研究团队，发现了几万年前尼安德特人与现代人类杂交的证据），位列2015年《自然》杂志"十大重要科学人物"。他不仅在专业上出类拔萃，在政治上也持进步主义立场，曾公开反对沃森的种族主义言论。这样一位"又红又专"的年轻科学家，何以会触及政治正确的敏感神经呢？

2018年3月，牛津大学出版社推出了赖克的科普新著《我们是谁以及我们如何到达这里》，阐述"古人类DNA与人类过往的新科学"。[1]同时在3月23日的《纽约时报》发表了其中节选的片段，题为《现代遗传学时代的"种族"》（网络版标题为《遗传学如何在改变我们对'种族'的理解》）。[2]文章开篇阐明了一个共识：从基因的视角来看，人类群体之间非常相似，不存在足够的差异来支持"生物

---

[1] David Reich, *Who We Are and How We Got Here: Ancient DNA and the New Science of the Human Past* (Oxford University Press, 2018).

[2] David Reich, "'Race' in the Age of Modern Genetics (How Genetics Is Changing Our Understanding of 'Race')," *The New York Times*, Mar. 23, 2018, p.SR1.

学意义的种族"概念,因此,"种族是一个'社会建构',是一种随时间和国家变化的人群分类方式"。

但他话锋一转,认为这种"共识"慢慢转变为一种"正统"(orthodox):"在依照当今种族标准来分类的人群之间,平均遗传差异是如此微不足道,以至于在论及任何有意义的生物学特性时,这些差异可以忽略不计。"这种正统观点进一步要求我们应该"对人群之间遗传差异的任何研究保持忧虑",因为这种研究(无论动机多么良好)都会被置于"滑坡"之上,导致各种"关于生物差异的伪科学论述",它们曾被用于合理化奴隶贸易、优生学运动和纳粹大屠杀。

赖克试图挑战这种正统观点,却是以相当审慎和微妙(subtle)的方式,这使得文章具有明显的两面性。一方面,他反复强调"种族"这个概念在生物学上没有意义(在用"race"一词时,几乎都冠以引号),而且以自己最新的研究发现举例,所谓"白人"绝非衍生于自远古以来就存在的一种人群,而是四种有差异的古代人群的混合,彼此的差异程度如同今天的欧洲人与东亚人。实际上,赖克整本书最突出的论旨是,古人类DNA研究证明,自后冰川时代的人类大扩张以来,任何地方的人群基因都发生了多次巨变。因此,人类本质上是混血的(mongrel),任何"纯种"观念都是幻觉,"寻求回归神秘纯洁性的各种意识形态都是对硬科学的公然违抗"。

另一方面,赖克认为不应当回避研究不同人群(populations)之间的遗传差异。他明确反对一种流行的误解:由于人类来自共同的祖先,人群相互分离的时间不久,不足以在自然选择压力下形成重要的遗传差异。"但这不是事实",他指出"东亚人、欧洲人、西非人和澳大利亚人的祖先(直到最近为止)几乎完全相互隔绝了4万年或更长的时间，足以让进化力量发生作用"。人群之间的遗传差异不仅客观存在，而且会影响某些遗传疾病、特定的身体性状，甚至行为和认知能力在人群之间的概率性差异。

赖克文章的两面性呈现内在张力：否定生物学的"种族"概念，但承认"人群"之间的遗传差异，那么"人群"不会成为"种族"隐秘的代名词吗？展开这种遗传学研究，不只限于疾病防控，而且拓展到行为与认知领域，不会让种族主义话语"借尸还魂"吗？这当然会激发知识分子的警觉。

加州大学圣克鲁兹分校社会学教授里尔多集结全球66名学者（其中包括几位生物学家，以及社会科学、历史、法律、人类学领域的学者），3月30日在BuzzFeed网站上发表了一封联署公开信《如何不去讨论种族与遗传学》。[1]公开信赞赏了赖克对沃森的批评，但指出他在《纽约时报》上的文章有严重的误导倾向，他误解了人们对生物医学研究的批评中所表达的关切。公开信指出，遗传变异并非不重要，但"并不遵循种族界限"，并强调应当汲取历史的教训，对于人类遗传变异的研究会以很多方式被误解和滥用。随后，《纽约杂志》《国家》《科学美国人》和《大西洋月刊》等相继发布文章，有支持者赞赏赖克的严谨态度和科学勇气，有反对者指责他不过是"科学种族主义的一个最新例子"。相关的争议延伸到加拿大、欧洲多国，以及韩

---

[1] Jenny Reardo and other 66 scientists and researchers, "How Not to Talk about Race and Genomics," Buzzfeed (https://www.buzzfeednews.com), Mar. 30, 2018.

国和印度的报刊媒体。[1]

在笔者看来，绝大多数回应和评论都没有超出赖克本人的视野和论述水平。尤其是那篇来势迅猛的联署公开信，不过是用赖克自身观点的一面来攻击其另一面，并以断章取义的引用（去掉原文中"种族"一词所带有的引号），将赖克所用的人群概念等同于种族概念，然后教导他，不能用人群差异来支持种族的概念，而这本来就是赖克明确强调的观点。赖克认为，即便发现人群之间的平均遗传差异，也可以控制其不利的政治文化影响，正如人类的男女两种性别之间存在基因差别，我们仍然可以言之有理地倡导和推进两性之间的平等。从性别平等之中，我们可以获得启发来处理如何平等地对待人群之间的差异。但公开信完全不顾赖克引入性别差异的语境与论证取向，挑剔说对男女性别的划分也要非常谨慎，因为这会压制几百万"非男非女"的另类性别人口。这种完全错失了对方要点的批评很难说是正当的，更像是政治正确敏感性的竞赛。公开信发表在BuzzFeed这个从商业小报努力向严肃刊物转型的网站上，赖克没有回应，其他报纸也没有反响。

实际上，赖克比他众多的批评者更清醒地意识到真正的困难所在：在"人群"与"种族"这两个概念之间存在着复杂而危险的联系。3月30日，他在《纽约时报》发表回应众多读者评论的文章《如

---

[1] John Edward Terrell, "'Plug and Play' Genetics, Racial Migrations and Human History," *Scientific American*, May 29, 2018; Andrew Sullivan, "Denying Genetics Is Not Shutting Down Racism, It is Fueling It," *New York Magazine*, Mar. 30, 2018; Edward Burmila, "Scientific Racism Isn't 'Back': It Never Went Away," *The Nation*, Apr. 6, 2018; Ian Holmes, "What Happens When Geneticists Talk Sloppily About Race," *The Atlantic*, Apr. 25, 2018.

何谈论"种族"与遗传学》，承认人群概念往往会与"今天的'种族'范畴相关联"（correlated）。[1]因此，研究人群遗传差异是一把双刃剑：在很多情况下，它会揭露"种族"概念的虚假性，瓦解绝大多数的刻板印象，但遗传学的发现也有可能会确证某些刻板印象。在这种情况下，科学发现的只言片语会被某些愿意信奉种族主义观点的人用来证明自己正确。恰恰因为存在这种可能性，赖克才要在文章中直面这个问题。

那么，赖克如何应对这个难题？他在文章中已经提出自己的思考。首先，作为科学家，他坚持将学术的诚实置于优先地位。人群遗传差异的客观存在是人们在日常生活中可以感知的。如果科学家回避或掩盖这种差异及其效应，会使公众丧失对科学的信任，而且造成一种知识真空，伪科学的种族主义话语便可能乘虚而入。其次，承认人群差异的确有可能造成歧视的危险，赖克的父亲是美国"大屠杀纪念馆"的首任馆长，他对种族歧视具有很强的敏感性，因此一再强调他本人分享"正统观点"的忧虑（许多批评者不过是重复赖克多次表达过的忧虑）。但他的应对策略有两个方面。首先，差异本身并不导致歧视，歧视是对差异的特定阐释和行动。他在文章中举例，男女性别的生物差异最为显著，但性别歧视是对这种差异的特定阐释。第二，在客观的生物学意义上，人群之间的遗传差异远低于个体之间的差异，"种族"对于特定个体的生物能力的预测功效是微不足道的，任何一个群体中的个人都可能在任何一个领域中表现卓越。因此，群体

---

[1] David Reich, "How to Talk about Race and Genomics," *The New York Times*, Mar. 30, 2018.

间遗传差异的冲击是温和的。

在特朗普时代的美国,在种族主义格外敏感的时期,在科学探索中维护有益的政治正确变得更为艰巨。很难说赖克彻底解决了他自己提出的难题,但他并不是没有社会政治敏锐性的科学家。他为平衡科学探索和道德诉求提供了有益的思考。实际上,差异本身并不直接导致歧视,两者之间需要特定的政治和文化阐释才能联结。如果差异本身可以使歧视正当化,那么,由于个体之间的遗传差异更加显著,个体对个体的歧视也变得在道德上是可接受的,高智商的个体就有理由歧视其他人为"脑残"(扬言"智商是硬伤"),或者高个子也就可以正当嘲笑矮个子为"二等残疾",那么"正常人"对残障人士的歧视就更为正当了。伦理批判不应导向刻意回避或压制严肃的科学探索,而应当着眼于改善我们的政治与文化观念,在接受差异事实的前提下,以平等的尊重方式去对待差异,这才是政治正确应当着力的关键。

回顾马丁·路德·金抄袭事件

1991年10月,我初到美国不久,就在《纽约时报》上读到有关马丁·路德·金博士论文存在抄袭(plagiarism)的消息,当时感到的震惊无以名状。虽然早就过了崇拜偶像的年纪,但这位民权运动的领袖、非暴力运动的倡导者、神学博士、魅力型牧师、诺贝尔和平奖获得者、被邪恶势力暗杀的烈士,仍然是我心中不可亵渎的英雄,难以想象他会与抄袭剽窃之类的行径有任何牵连。于是,凭借一个中国人"本能的"政治敏感,自然就生出一份警觉:这会不会是什么阴谋?会不会是"右派"势力和种族主义者制造的污名化运动?存着这份怀疑,我便开始关注这个事件的来龙去脉,却获得了一份意外的教益。

事件的始末

马丁·路德·金于1968年4月被暗杀。无论是他在世的时候,还是他遇难之后的20年间，几乎没有人注意到他可能存在抄袭的嫌疑。唯一的例外是艾拉·G.泽普（Ira G.Zepp），他在1971年完成的博士论文中指出，金的自传性作品《迈向自由》（*Stride Toward Freedom*，1958）抄袭了两部著名的神学著作，但这篇未发表的学位论文当时并没有引起任何关注。真正导致抄袭事件爆发的线索是由一群支持金的进步学人在研究中发掘出来的。他们完全始料未及。

1985年年初，金的遗孀科雷塔·斯科特·金（Coretta Scott King）代表"马丁·路德·金中心"（她是该中心的创始人和主席）邀请斯坦福大学历史学家克莱伯恩·卡森（Clayborne Carson）来主持启动"马丁·路德·金文稿项目"（the Martin Luther King, Jr., Papers Project），其主要目标是编辑、勘定和出版具有权威可靠性的《马丁·路德·金文集》（计划出版共14卷，截至本文写作时已出到第6卷）。在卡森教授的主持下，这个项目受到中心与斯坦福大学的合作支持，并在1986年获得了美国国家人文基金会（NEH）50万美元的资助。但在项目的注解研究过程中，金的抄袭问题逐渐暴露出来。这使编辑工作遇到了许多难题：是不是应该将存在抄袭的文章选入即将出版的《文集》？如何向读者传达这些文章中未注明的引用出处？是否应当标明每一例"文本挪用"？是否要确定哪一例构成抄袭？虽然后来有人指责卡森教授"企图掩盖真相"，但他自己在回忆文章中力图澄清：当时在团队中"没有人反对公开我们有关金抄袭的结论"，大家只是对"以什么方式来呈现这些发现"有过激烈和广泛的讨论。文稿项目团队在1988年发现了首例抄袭，但他们在能够确定问题的广泛与严重程度之前，一直将有关信息严格地保留在项目团队内部。到1989年9月，卡森教授开始与金的夫人以及项目顾问委员会协商，他们经过"多次艰难的讨论"，最终在10月做出了两项决定：第一，将在正式出版的《文集》中以编注的方式标明每一例抄袭疑点；第二，在《文集》第一卷出版之前，将单独发表一篇学术论文，充分讨论金的抄袭问题。卡森教授非常希望由他的团队来掌握这一新闻的首发权，并计划在学术刊物而不是公共媒体上首次公布他们的研究发现。这是为了公允、全面和客观地呈现事实，避免可能的炒作和误导。

但是，项目顾问委员会中的另一位学者提前走漏了风声。他在美国南部历史学会的一次会议中，和其他几位学者谈起了他们团队的"发现"，消息很快传播开来。1989年12月3日，英国《星期日邮报》上发表弗兰克·约翰逊（Frank Johnson）的文章，他从拉尔夫·卢克（Ralph Luker，埃默里大学教授、文稿项目的副主编）那里获得消息：金于1955年向波士顿大学提交的博士论文，大量抄袭了同门学长杰克·布泽（Jack Boozer）三年前完成的博士论文。但这个报道并没有引起美国媒体的即刻反应，美国媒体在此后的10个月当中一直对此保持"集体沉默"。实际上，美国几家主流报刊几乎同时获得了相关线索，但出于审慎或"政治正确"的原因未做报道。在此期间，有不少记者打电话向卡森求证，但他一律以闪烁其词的"外交辞令"予以推诿。因为卡森仍然在争取首发权。他的团队终于在1990年6月完成了独立调查的论文，并与声誉卓著的《美国历史学刊》（Journal of American History）取得联系，希望能经过最快的匿名审稿程序，在当年的12月发表。但是，《美国历史学刊》的主编（不顾卡森的反对）坚持主张，这篇文章必须与其他多位学者的文章编排在一起，作为一个"圆桌讨论专辑"同时发表，因此，还需要拖延更久。这令卡森教授非常沮丧，他意识到时间已经来不及了，他们将会失去对首发权的掌控（以上两段主要根据卡森教授的回忆文章"Editing Martin Luther King, Jr.: Political and Scholarly Issues"）。

1990年9月，美国一个老派的保守文化杂志《编年》发表文章公开了金的抄袭问题。波士顿大学时任代理校长乔恩·韦斯特林（Jon Westling）随即致书《编年》杂志（后来在1991年1月号上刊登），断然否认对金的抄袭指控："金的博士论文已经受到学者们的细致审查与核查，没有发现一例任何种类的抄袭……没有任何一位评阅人曾发现，在整个343页的论文中有任何一页存在任何未被指明来源或误指来源的引用、误导性的变换措辞的释义，或有借用而不加恰当学术参考文献的思想。"韦斯特林校长的大胆背书显然是一个匆忙草率的个人意见，因为当时波士顿大学正式任命的审查委员会才刚刚成立。委员会由四位教授组成，准备就学术规范问题对金的博士论文进行全面审查，并在此基础上对是否取消金的博士学位提出建议。此时，美国主流媒体已经掌握了更为充分的证据，准备打破沉默。卡森教授也在记者的压力下决定配合媒体的报道。11月9日《华尔街日报》在头版发表特写（文章在卡森教授的要求下，没有使用"抄袭"的字眼）。11月10日的《纽约时报》、11月18日的《华盛顿邮报》、11月21日的《高教纪事》（*The Chronicle of Higher Education*）等相继跟进发表文章。频繁的相关报道和评论一直延续到1991年年初。至此，马丁·路德·金的抄袭问题（在他遇难20多年之后）被完全被公开。

事实的鉴定

在这场轰动一时的公共事件中，可以听到来自各种政治与道德立场的不同声音，但争议主要发生在如何对事实做出阐释和评价。对抄袭事实本身的认定，知识界很快达成了基本一致的判断，没有任何重要的分歧。

1991年10月，波士顿大学的审查委员会向校方提交了正式的鉴定报告，指出"确定无疑的是，金博士在其博士论文中有抄袭作为，他挪用材料的来源有些未在注释中标明，或错误标明，或泛泛标明，并在行文的间隔之中，稍做措辞变化或逐字逐句地挪用了别人的材料"。他们鉴定的结果是，抄袭的比重在论文的上半部分占45%，下半部分达21%。审查小组没有考虑取消金的博士学位，因为这"无济于事"（serve no purpose），况且金的论文仍然"对学术做出了一份智识贡献"。但他们提议，在图书馆收藏的金的博士论文副本中附上这份鉴定意见书。韦斯特林校长接受了他们的建议，并强调指出，委员会四位教授"开展的调查具有彻底的学术性以及对细节的谨慎关注，并决意不受非学术考虑的影响"[1]。

1991年6月，文稿项目团队在《美国历史学刊》上发表了他们对金的学业论文的研究调查综述。[2]根据介绍，他们在《文集》的前两卷编辑工作中，对金的50多篇早期文章进行了勘定注解的工作。"到1988年年初，工作人员开始意识到，包括金的博士论文在内的许多文

---

[1] The New York Times, Oct.11, 1991.

[2] "The Student Papers of Martin Luther King, Jr.: A Summary Statement on Research," JAH, Vol.78, No.1, pp.23-31.

章，有诸多段落与金所参考的文本基本相似或完全相同，却没有恰当地征引这些来源文本。金在参考文献或注释中几乎总是列出了他的来源，但缺乏恰当的引用和引号，这遮掩模糊了金对他人作品的依赖程度。"（p.23）这篇调查文章指出，金曾经接受过专门针对学术规范的课程训练，也清楚博士论文的规范要求，他完全理解相关的准则和要求。但是"他的课业文章，包括博士论文，有大量的段落符合严格界定的抄袭（meet a strict definition of plagiarism）——未明确承认的语词与理念的挪用（unacknowledged appropriation of words or ideas）"（p.31）。

《编年》杂志的编辑西奥多·帕帕斯（Theodore Pappas）是推动抄袭问题公开化的关键人物之一。他将杂志上发表过的文章整理汇编，于1994年出版了一部文集（*Martin Luther King, Jr.: The Plagiarism Story*），后来又在1998年出版了一个修订扩充的新版（*Plagiarism and the Culture War*），其中给出许多详细的抄袭证据。比如帕帕斯发现，金有一篇课业论文，在总共24个段落中有20段是完全照搬他人的作品。他还通过文本列表对比显示，金在博士论文中大段复制其学长杰克·布泽的博士论文，甚至复制了布泽因为粗心造成的引用失误和标点错误。帕帕斯判断金的博士论文有高达三分之二的抄袭。在学院之外，金作为公共人物发表的演讲与布道辞，由于无须给出注释，几乎都有"挪用"的成分。例如，他在1963年华盛顿25万人游行集会上的经典演讲《我有一个梦》，其最后部分——从引用爱国歌曲《美利坚》的第一段歌词（"我的祖国，可爱的自由之邦……让自由之声响彻每个山岗"），到气势恢宏的排比句"让自由之声响彻……"（随后列举一个个山脉的具体名称）——都与黑人牧师阿奇博尔德·凯里（Archibald Carey）在1952年共和党全国代表大会上的演讲相同或高度雷同；金在接受诺贝尔和平奖时发表的演讲也大量"挪用"了华莱士·汉密尔顿（Wallace Hamilton）牧师的作品；他在另一篇演讲中对甘地和非暴力问题的论述几乎逐字逐句地"借用"了哈里斯·沃福德（Harris Wofford）对同一主题的演讲；而他被收入许多课本的著名文章《从伯明翰市监狱发出的信》（Letter from Birmingham City Jail）也大量"借鉴"了他人的作品……

虽然倾向保守派的西奥多·帕帕斯与自由派的卡森教授立场相左，但他们对抄袭事实的鉴定基本一致。按照卡森教授的概括，文稿项目团队的研究清楚地显示："金的抄袭是一种惯用模式（a general pattern），在他几乎所有的课业写作中都明显存在……从现存的他最早的写作和博士论文中都可以看到文本挪用的情况。这个模式在他整个生涯的演讲和布道中也同样显著。"[1]

那么，马丁·路德·金本人究竟如何看待自己抄袭的问题？所有的研究都表明，他并非不知道写作的引用规范（尤其对于课业论文），他的挪用之举也不是疏忽大意所致，而是他习惯性的和有意识的写作模式。但几乎没有证据显示，他曾对此有道德上的顾虑或内疚感。令人玩味的是，他的一位亲密女友曾在回忆录《我分享了那个梦》中提到金对所谓"原创性"（originality）的独到看法，他说"原创性只来自上帝，而其余的一切在你之前就都被人用过了，从来

---

[1] Clayborne Carson, "Editing *Martin Luther King, Jr.: Political and Scholarly Issues*".

如此,仍然如此,将来也是如此"[1]。

争议与阐释

在公共舆论界,有评论认为抄袭事件对于马丁·路德·金的声誉会造成严重的损害。虽然在此之前,金的婚外性关系(包括嫖娼行为)已被公开,但按照美国自由派的某种观念,仍然有理由辩护说,性关系终究是私人(私德)问题。但抄袭与此不同,涉及公共伦理(公德)的侵犯。而有更多的论者做出申辩,指出抄袭对于一个学者或许是致命的,但金的主要成就不在学术界而在于他对民权运动的贡献。正如继任金担任南方基督教领袖会议(SCLC)主席的约瑟夫·E.洛厄里(Joseph E.Lowery)牧师所言,"历史在他的脚印中被追赶,也不可能因为少了几个脚注而被扰乱。"[2]

在知识界,西奥多·帕帕斯被认为是少数勇敢的保守派斗士。他的文章和编著一直致力于"揭露真相"——美国占据主流的自由派学者和媒体一开始试图隐瞒和否认抄袭的事实,后来是含糊其词地误导事实("金不存在什么抄袭问题,只是注释不够周全和恰当"或者"他不是故意为之而是疏忽所致"),最后当证据完全公开之后,又以各种奇异的理论为抄袭做辩解。帕帕斯对少数派受到的打压有亲身体验。他编辑的文集,虽然有著名历史学家为其作序,却先后被40家

---

[1] Georgia Davis Powers, *I Shared the Dream*, p.159.

[2] *The New York Times*, Nov.10, 1990.

出版社拒绝（一位出版人甚至说"我反对这本书出版，因为如此诚实的告白真相之作只能被毁掉才行"），最后历经三年多的游走才在一家不知名出版社出版。帕帕斯还多次收到来自大学校园的恐吓信，包括死亡威胁。在他看来，这一切都显示了某些"进步知识分子"的怯懦和伪善，他们为维护"政治正确"而不惜牺牲"智识的诚实"。这种指控是正当的吗？至少，波士顿大学代理校长乔恩·韦斯特林前后矛盾的言论似乎印证了帕帕斯的某些批评。

但帕帕斯所批评的另一位学者基斯·米勒（Keith Miller）的论述则更耐人寻味。米勒是亚利桑那州立大学的一位年轻助理教授，他最早注意到金在演讲和布道中的"文本挪用"问题，但却对此提出了独特的阐述和辩护：抄袭对于金不是问题，因为他根本不认同那个主流的文化传统。米勒分析指出，美国黑人文化有一种"口述传统"（oral tradition），典型地体现在民间布道的活动（the black folk pulpit）中。这种实践与白人主流的"智识化的印刷文化"不同，根本不承认所谓"知识产权"，也不宣称自己的作者权，而是自由地借用各种资源来发言和写作，达成一种"声音的交汇"（voice merging）。按照米勒的解读，金正是生长在这种口述传统的文化之中，是实践"声音交汇"的杰出代表。而他在大学经受的学术训练，既有悖于他真实的自我认同，也没有成为真正影响他事业的思想资源。所以，对于金的所谓抄袭，正确的认识方式不是去在道德上贬低他，而恰恰是要"重新界定抄袭"概念本身。[1]帕帕斯对此回应说，

---

[1] Keith D. Miller, "Redefining Plagiarism: Martin Luther King's Use of an Oral Tradition", *The Chronicle of Higher Education*, Jan. 20, 1993.

金完全明白什么是作者权,他本人在生前就要求注册自己演讲的版权,而他的遗产委托人现在仍然在注册版权和索取稿费。但"在一个公正的世界里",这些作品的稿费应该归于那些被金的"声音交汇"所掠夺的作者。[1]

帕帕斯和米勒分别代表了美国知识界对抄袭事件的两种极端解释。在一方面,帕帕斯力求揭露真相,但他的矛头并不指向马丁·路德·金本人(实际上,他坚持肯定金作为历史人物的伟大功绩),而是针对那些将金"圣人化"的崇拜者,批评他们被"文化战争"所强化的意识形态对学术事业的损害,为的是维护"如其所是"地认识历史和历史人物的智识诚实。在另一方面,米勒的理论阐述本身具有创造性和启发性,但他试图彻底"消解"金的抄袭问题,完全否认其智识与伦理上的过失,则走向了极端的文化相对主义,这使自己更像是一个辩解者(apologist)。但这种辩解不仅没有多少说服力,也违背了金本人致力于在多元文化之间建立平等尊重和对话沟通的理想。

在这两极之间,我们可以看到美国知识界的主流更为稳健与深入的回应与探索,这突出地体现在《美国历史学刊》1991年6月刊发的"圆桌讨论"专辑之中[2]。这个专辑由10篇文章组成,包括翔实的事实材料(文稿项目团队的调查综述,对金当年的同学和教师的两篇采访)、对抄袭问题的多角度阐释(卡森等人的论文,金的两位著名的传记作者的文章,以及一位抄袭问题专家的评论),以及在美国多元

---

[1] Theodore Pappas, *Plagiarism and the Culture War*, p.183.

[2] 该专辑为Becoming Martin Luther King, Jr.—Plagiarism and Originality: A Round Table, *JAH*, Vol.78, No.1.

文化和认同多重性的语境中重新理解金的语言与原创性问题的研究。主编戴维·西伦（David Thelen）在导言中指出，金的抄袭是毋庸置疑的事实。媒体的关切主要是放在道德评价以及抄袭在多大程度上有损于金的历史地位和英雄形象。这种关切是正当且可以理解的，但学者的工作应当走得更远，因为值得探索的问题还很多：构成金抄袭的原因究竟是什么？如何由此探究金的人格心理和文化认同？他的"文本挪用"模式在其个人生涯与政治事业中起到了哪些作用？这组专辑的文章从多种视角出发对这些问题做出回应，彼此之间的观点也存在差异和分歧，但都是将抄袭事件置于金的生平、历史背景和多种文化交错的语境中来探索，都是基于深入和严谨的分析考察，获得了相当富有洞见的研究成果。

在我看来，这是非常值得称道的学人态度和方式。面对令人困扰的事件，他们并不回避事实及其伦理后果，却不止于简单的道德臧否，而是将事件转化为理解历史与文化以及自我反思的契机。正是基于这种诚实和建设性批评的态度，即便存在纷争，即便有一时的困扰与不知所措，整个知识界也不会因为"一个意外的丑闻"而堕入丧失理性、是非不清的混乱，也不会陷入谩骂攻击与恶性对立的分裂。这是一个有尊严的心智成熟的知识共同体的标志。

事实澄清之后，激烈的纷争转向了沉静的思考与探索，作为文化战争的喧哗一幕很快平息下来。虽然有极少数人仍然致力于"更加充分地利用"丑闻，但美国知识界和公众的主流平静地接受了一位有污点的伟人（在盖洛普所做的"最受美国人爱戴的20世纪人物"评选中，马丁·路德·金名列第二）。这种清明与成熟是难能可贵的。虽然我们希望英雄或伟人能具备"道德完整性"（moral integrality），但这个愿望可能落实，也可能落空。如果一旦落空，成熟的心智并不陷入幻灭或转向苛责，而是能够从容面对，将伟人当作人来看待，也当作人来体谅。这也是马丁·路德·金对自己的理解："我在策略上犯错，我在道德上犯错，我屈膝而跪去忏悔，求上帝宽恕我。"而"上帝并不是根据单独的事件或我们所犯的单独错误，而是根据我们生活的总体倾向来审判我们"[1]。如果没有这种清明和成熟，我们的道德判断永远会处在"偶像崇拜"与"极度幻灭"的分裂两极，会在无限赞美与恶意诽谤之间反复摇摆。但这不是对良知的考验，而是对心智的绑架。

---

[1] 转引自David Garrow, "How King Borrowed," *The Washington Post*, Nov. 18, 1990.